Rollos de huevo: Una aventura culinaria al envolver y enrollar

Descubra el arte de elaborar deliciosos rollitos de huevo con 100 recetas para cada ocasión

Sandra Moya

Material con derechos de autor ©2024

Reservados todos los derechos

Ninguna parte de este libro puede usarse ni transmitirse de ninguna forma ni por ningún medio sin el debido consentimiento por escrito del editor y del propietario de los derechos de autor, excepto las breves citas utilizadas en una reseña. Este libro no debe considerarse un sustituto del asesoramiento médico, legal o de otro tipo profesional.

TABLA DE CONTENIDO

TABLA DE CONTENIDO..3
INTRODUCCIÓN..7
ROLLOS DE HUEVO CLÁSICOS...9
1. ROLLITOS DE HUEVO REUBEN AL ESTILO DE NUEVA YORK..........10
2. ROLLITOS DE HUEVO Y POLLO TAILANDESES AL HORNO CON MANÍ Y MANÍ..12
3. ROLLITOS DE HUEVO CRIOLLOS DE CERDO Y CAMARONES..........14
4. ROLLITOS DE HUEVO FÁCILES..16
5. ROLLITOS DE JAMÓN, QUESO Y HUEVO....................................20
6. ROLLITOS DE HUEVO CON VERDURAS.....................................22
7. ROLLITOS DE HUEVO CON PECHUGA..25
8. ROLLITOS DE HUEVO CON AGUACATE.....................................27
9. WRAPS DE ROLLITOS DE HUEVO CON GAMBAS Y REPOLLO..........30
10. FILETES DE QUESO FILADELFIA FRITOS AL AIRE.......................33
11. ROLLITOS DE HUEVO CON AGUACATE Y TOMATE.....................36
12. ROLLITOS DE PRIMAVERA CRUJIENTES FRITOS AL AIRE............38
13. ROLLITOS DE PRIMAVERA DE REPOLLO Y CHAMPIÑONES..........41
14. ROLLITOS DE HUEVO DE POLLO CRUJIENTES...........................44
15. ROLLITOS DE HUEVO CON CERDO Y CHAMPIÑONES..................47
16. ROLLOS DE HUEVO IMPRESIONANTES....................................51
17. ROLLITOS DE HUEVO VIETNAMITAS CHA GIO..........................54
18. ROLLITOS DE HUEVO DE GALLINA AGRIDULCES......................57
19. ROLLITOS DE POLLO FRITO Y HUEVO.....................................59
20. ROLLITOS DE HUEVO TEX-MEX..61
21. ROLLITOS DE HUEVO CON CHAMPIÑONES Y ESPINACAS...........64
22. ROLLITOS DE HUEVO CAPRESE..67
23. ROLLITOS DE HUEVO CON SALCHICHA Y PIMIENTO..................69
24. ROLLITOS DE HUEVO DE INSPIRACIÓN GRIEGA........................72
25. ROLLITOS DE HUEVO CON SALSA DE ESPINACAS Y ALCACHOFAS 74
26. ROLLITOS DE HUEVO PARA EL DESAYUNO TEX-MEX................77
27. ROLLITOS DE HUEVO MEDITERRÁNEOS..................................80
28. ROLLITOS DE HUEVO DE COLIFLOR Y BÚFALO.........................83

29. ROLLITOS DE HUEVO CON HAMBURGUESA CON QUESO...........86
30. ROLLITOS DE HUEVO CON POLLO TERIYAKI..............................89
31. ROLLITOS DE PRIMAVERA DE OSTRAS...91
32. ROLLITOS DE HUEVO CON CERDO BBQ HAWAIANO.................94
33. ROLLITOS DE HUEVO DE COLIFLOR Y BÚFALO.........................97
34. ROLLITOS DE HUEVO CON CANGREJO Y RANGÚN..................100
35. ROLLITOS DE HUEVO CON TARTA DE MANZANA....................103
36. ROLLITOS DE HUEVO CON POLLO TERIYAKI............................106
37. ROLLITOS DE HUEVO S'MORES..109
38. ROLLITOS DE POLLO CAPRESE..111
39. ROLLITOS DE HUEVO GRIEGO CON POLLO Y GYRO.................113
40. ROLLITOS DE HUEVO CON POLLO TERIYAKI............................116
41. ROLLITOS DE HUEVO CON MANGO Y AGUACATE....................119
42. ROLLITOS DE POLLO CAPRESE..122
43. ROLLITOS DE HUEVO CON ENSALADA DE COL Y CERDO DESMENUZADO..124
44. ROLLITOS DE HUEVO CON HAMBURGUESA CON QUESO.........126
45. ROLLITOS DE HUEVO VEGETARIANOS CON SALSA DE CHILE DULCE..129
46. ROLLITOS DE HUEVO PHILLY CHEESESTEAK............................132
47. ROLLITOS DE HUEVO CON JALAPEÑO Y POPPER.....................135
ROLLOS DE PASTELERÍA...137
48. ROLLITOS DE HUEVO FILO Y VEGETALES....................................138
49. ROLLITOS DE HUEVO CON ESPINACAS Y QUESO FETA FILO......141
50. ROLLITOS DE HUEVO FILO DE POLLO Y VERDURAS.................143
51. ROLLITOS DE HUEVO FILO DULCES CON MANZANA Y CANELA.146
52. ROLLITOS DE HUEVO FILO CON CAMARONES Y AGUACATE.....149
53. ROLLITOS DE HUEVO FILO DE VERDURAS Y QUESO DE CABRA.152
54. ROLLITOS DE HUEVO FILO DE CHOCOLATE Y FRAMBUESA........155
55. ROLLITOS DE HUEVO FILO MEDITERRÁNEOS............................157
56. ROLLITOS DE HUEVO FILO MEXICANOS......................................160
57. ROLLITOS DE HUEVO FILO CON FRESAS Y QUESO CREMA........163
ROLLOS DE PAPEL DE ARROZ...166
58. ROLLITOS DE PRIMAVERA DE MANGO..167
59. ROLLITOS DE PRIMAVERA DE MANZANA VERDE CON SALSA DE CARAMELO..170

60. MIXTAS CON SALSA DE FRESAS..174
61. ROLLITOS DE PRIMAVERA CON SALSA DE LIMONADA DE FRESA 177
62. ROLLOS ARCOÍRIS DE FRUTA DEL DRAGÓN.......................181
63. ROLLITOS DE PAPEL DE ARROZ CON CERDO Y ALBAHACA........185
64. ROLLITOS DE CERDO VIETNAMITAS A LA PARRILLA...............188
65. ROLLO DE PAPEL DE ARROZ CON CERDO Y CINCO ESPECIAS....191
66. ROLLOS DE PAPEL DE ARROZ CON CERDO DESMENUZADO Y CILANTRO..194
67. ROLLITOS DE PRIMAVERA DE CERDO Y CAMARONES.............197
68. ROLLITOS DE FRUTAS CON SALSA DE CHOCOLATE..................201
69. ROLLOS DE PAPEL DE ARROZ CON AZAFRÁN Y COCO..............204
70. ROLLITOS DE VERANO DE FRUTAS TROPICALES......................206
71. ROLLOS DE PAPEL DE ARROZ CON BAYAS Y VERDURAS...........209
72. ROLLITOS DE VERANO CON CALÉNDULAS Y CAPUCHINAS.......213
73. ROLLITOS DE PRIMAVERA DE FLORES CON SALSA DE SOJA Y ALMENDRAS..216
74. ENSALADA DE TERNERA A LA BRASA ENVUELTA EN PAPEL DE ARROZ..219
75. ROLLITOS DE CARNE Y QUINUA CON SALSA DE TAMARINDO. .224
76. ROLLOS DE PAPEL DE ARROZ CON CARNE Y LIMONCILLO........228
77. ROLLITOS DE PRIMAVERA BULGOGI DE TERNERA....................232
78. ROLLOS DE PAPEL DE ARROZ CON CARNE SATAY....................236
79. ROLLOS DE PAPEL DE ARROZ CON CARNE A LA MENTA..........239
80. ROLLITOS DE VERANO CON GUISANTES DE MARIPOSA...........243
81. ROLLOS DE PAPEL DE ARROZ INSPIRADOS EN ROSAS.............246
82. ROLLOS DE PAPEL DE ARROZ VIOLA.......................................249
83. ROLLITOS DE VERANO PRETTY - PENSAMIENTOS...................252
84. ROLLITO DE PRIMAVERA DE CANGREJO REAL DEL SUR...........255
85. ROLLITOS DE VERANO CON SALSA DE CHILE Y LIMA...............258
86. ROLLITOS DE VERDURAS CON TOFU SAZONADO AL HORNO...261
87. ROLLOS DE PAPEL DE ARROZ CON CHAMPIÑONES..................264
88. ROLLITOS DE PAPEL DE ARROZ CON AGUACATE Y VERDURAS. 267
89. ROLLITOS ARCOÍRIS CON SALSA DE MANÍ Y TOFU...................270
90. ROLLOS DE PAPEL DE ARROZ CON TOFU Y BOK CHOY............273

91. ROLLOS DE PAPEL DE ARROZ ROSA CON SALSA DE TAMARINDO 276
92. ROLLITOS DE VERANO ESTILO MEXICANO...............................279
93. ROLLITOS DE PRIMAVERA DE MARISCOS FRITOS.....................282
94. ROLLITO DE PRIMAVERA DE LANGOSTA AHUMADA................287
95. WRAPS DE CAMARONES Y MICROVERDES..............................290
96. ROLLITOS DE PRIMAVERA HAMACHI CON SALSA DE LIMA Y CHILE 292
97. ROLLITOS DE PRIMAVERA DE ATÚN CON LIMA Y SOJA............296
98. ROLLITO DE SALMÓN CON SALSA CHINA DE FRIJOLES NEGROS 299
99. ROLLOS DE PAPEL DE ARROZ CON GAMBAS...........................303
100. ROLLITOS DE VERDURAS Y SASHIMI......................................306
CONCLUSIÓN..309

necesidades dietéticas. Ya sea que esté organizando una reunión informal con amigos o preparando una comida especial para su familia, estas recetas de rollitos de huevo seguramente lo impresionarán.

A lo largo de este libro de cocina, encontrará instrucciones paso a paso, consejos útiles y hermosas fotografías que lo guiarán en su aventura culinaria. Ya sea que esté preparando su primer rollito de huevo o perfeccionando sus habilidades como profesional experimentado, encontrará todo lo que necesita para crear rollitos de huevo crujientes y sabrosos que dejarán a sus invitados con ganas de más. Así que precalienta tu aceite, afila tu cuchillo de picar y prepárate para embarcarte en un delicioso viaje por el mundo de los Rollos de huevo .

INTRODUCCIÓN

Bienvenido a "Rollos de huevo", donde nos embarcamos en un viaje culinario para explorar el encantador mundo de los Rollos de huevo. Originarios del este de Asia, los rollitos de huevo se han convertido en un aperitivo muy apreciado en todo el mundo, apreciados por su exterior crujiente y sus sabrosos rellenos. Ya sea usted un cocinero novato o un chef experimentado, este libro de cocina está diseñado para inspirar y mejorar su juego de aperitivos con 100 recetas deliciosas.

En este libro de cocina, descubrirá una amplia gama de creaciones de rollitos de huevo, cada una repleta de sabores e ingredientes únicos . Desde recetas clásicas con rellenos tradicionales de inspiración asiática, como cerdo y repollo, hasta giros innovadores que incorporan ingredientes globales. y técnicas culinarias modernas, hay algo para tentar a cada paladar. Ya sea que prefiera salado o dulce, picante o suave, aquí hay una receta de rollitos de huevo para satisfacer sus antojos.

Lo que distingue a este libro de cocina es su énfasis en la creatividad y la versatilidad. Si bien los rollitos de huevo tradicionales son innegablemente deliciosos, esta colección fomenta la experimentación y la exploración en la cocina. Con rellenos, salsas para mojar y técnicas de envoltura personalizables, tendrá la libertad de adaptar cada receta a sus preferencias de sabor y

ROLLOS DE HUEVO CLÁSICOS

1. Rollitos de huevo Reuben al estilo de Nueva York

INGREDIENTES:
- 8 envoltorios de rollitos de huevo
- 1 taza de carne en conserva, en rodajas finas
- 1 taza de chucrut, escurrido
- 1 taza de queso suizo, rallado
- Aderezo Thousand Island para mojar
- Aceite vegetal para freír

INSTRUCCIONES:
a) Coloque una envoltura de rollo de huevo y rellénela con una pequeña cantidad de carne en conserva, chucrut y queso suizo.
b) Enrollar según las instrucciones del paquete, sellando los bordes con agua.
c) Calienta aceite vegetal en una sartén a 350°F (180°C) y fríe los rollitos hasta que estén dorados.
d) Sirva con aderezo Thousand Island para mojar.

2. Rollitos de huevo y pollo tailandeses al horno con maní y maní

INGREDIENTES:
- ¼ de pimiento rojo
- Aceite en aerosol antiadherente
- 1 zanahoria mediana
- 3 cebollas verdes
- 2 tazas de pollo asado
- ¼ de taza de salsa de maní tailandesa
- 4 envoltorios de rollitos de huevo

INSTRUCCIONES:
a) Precaliente la freidora a 390 grados Fahrenheit.
b) Mezcla el pollo con la salsa de chile tailandés en una bolsita pequeña.
c) Sobre una tabla transparente y seca, extienda las bolsas de rollos de huevo.
d) Coloque ¼ de la zanahoria, el pimiento rojo y las verduras sobre el cuarto inferior del envoltorio de un rollo de huevo.
e) Se puede verter media taza de la solución de pollo sobre las verduras.
f) Use niebla, humedezca las superficies exteriores de la envoltura.
g) Tire de los lados del envoltorio hacia el centro y rócelo firmemente.
h) Coloque los rollitos en la freidora y cocine durante ocho minutos hasta que estén ligeramente dorados.
i) Partir por la mitad y usar más salsa de maní tailandesa a un lado para rellenar.

3. Rollitos de huevo criollos de cerdo y camarones

INGREDIENTES:
- ½ libra de carne de cerdo molida
- ¼ de taza de cebolla morada picada
- 2 cucharadas de pimientos verdes cortados en cubitos
- 1 cucharadita de ajo picado
- 2½ cucharaditas de condimento criollo
- ½ libra de camarones crudos medianos, pelados, desvenados y picados en trozos grandes
- 1 paquete de envoltorios de rollitos de huevo
- 1 huevo batido para sellar rollitos
- 2 tazas de aceite vegetal, para freír

INSTRUCCIONES :
a) En una sartén grande a fuego medio, dore la carne de cerdo molida. Una vez dorada, escurre la grasa de la sartén en un frasco y deséchala.
b) Agrega las cebollas, los pimientos, el ajo y el condimento criollo. Cocine hasta que las cebollas y los pimientos estén tiernos, luego agregue los camarones y cocine por 2 minutos más. Apaga el fuego.
c) Coloque los envoltorios de rollitos de huevo sobre una superficie plana, agregue el relleno encima y luego enrolle. Cepille las costuras con huevo para ayudar a sellar los rollos.
d) Vierta aceite vegetal en una freidora o sartén. Freír los rollitos hasta que estén bien dorados.
e) Deje enfriar sobre una rejilla y luego sirva con su salsa favorita.

4. Rollitos De Huevo Fáciles

INGREDIENTES:
- 8 onzas de carne de cerdo molida
- 6 cebolletas, las partes blanca y verde separadas y cortadas en rodajas finas
- 3 dientes de ajo, picados
- 2 cucharaditas de jengibre fresco rallado
- 3 tazas (7 onzas) de mezcla de ensalada de col
- 4 onzas de hongos shiitake, sin tallos y picados
- 3 cucharadas de salsa de soja
- 1 cucharada de azúcar
- 1 cucharada de vinagre blanco destilado
- 2 cucharaditas de aceite de sésamo tostado
- 8 envoltorios de rollitos de huevo
- 2 tazas de aceite vegetal

INSTRUCCIONES:
a) Cocine la carne de cerdo en una sartén antiadherente de 12 pulgadas a fuego medio-alto hasta que ya no esté rosada, aproximadamente 5 minutos, rompiendo la carne con una cuchara de madera.

b) Agregue las cebolletas, el ajo y el jengibre y cocine hasta que estén fragantes, aproximadamente 1 minuto.

c) Agregue la mezcla de ensalada de col, los champiñones, la salsa de soja, el azúcar y el vinagre y cocine hasta que el repollo esté suave, aproximadamente 3 minutos.

d) Fuera del fuego, agregue el aceite de sésamo y las cebolletas. Transfiera la mezcla de carne de cerdo a un plato grande, extiéndala en una capa uniforme y refrigere hasta que esté lo suficientemente fría como para manipularla, aproximadamente 5 minutos. Limpia la sartén con toallas de papel.
e) Llene un tazón pequeño con agua. Trabajando con una envoltura de rollo de huevo a la vez, oriente las envolturas sobre la encimera de modo que una esquina apunte hacia el borde de la encimera.
f) Coloque ⅓ de taza de relleno ligeramente empacado en la mitad inferior del envoltorio y moldeelo con los dedos hasta darle una forma cilíndrica ordenada. Con las yemas de los dedos, humedezca todo el borde del envoltorio con una fina capa de agua.
g) Doble la esquina inferior del envoltorio hacia arriba y sobre el relleno y presiónelo hacia abajo en el otro lado del relleno. Doble ambas esquinas laterales del envoltorio sobre el relleno y presione suavemente para sellar. Enrolle el relleno sobre sí mismo hasta que el envoltorio esté completamente sellado. Deje el rollo de huevo con la costura hacia abajo sobre la encimera y cúbralo con una toalla de papel húmeda mientras rellena y da forma a los rollos de huevo restantes.
h) Cubra un plato grande con triple capa de toallas de papel. Caliente el aceite vegetal en una sartén ahora vacía a fuego medio a 325 grados. Con unas pinzas, coloque todos los rollitos en la sartén, con la costura

hacia abajo, y cocine hasta que estén dorados, de 2 a 4 minutos por lado. Transfiera a un plato preparado y deje enfriar un poco, aproximadamente 5 minutos. Atender.

5.Rollitos De Jamón, Queso Y Huevo

INGREDIENTES:
- 8 huevos
- 1/4 taza de cebolla picada
- 1 cucharada de mantequilla
- pimienta negra recién molida y sal
- 1/4 taza de pimiento morrón cortado en cubitos
- 1/2 taza de jamón cortado en cubitos
- 1/2 taza de queso cheddar rallado

INSTRUCCIONES:
a) Pon el horno a 375°F.
b) Batir los huevos, la sal y la pimienta en un plato.
c) Disolver la mantequilla en una cacerola a fuego moderado.
d) Una vez que las verduras se hayan ablandado, agregue el jamón en cubos, la cebolla y el pimiento morrón.
e) Coloca el jamón y las verduras encima de la mezcla de huevo.
f) Cocine los huevos hasta que estén cuajados pero ligeramente líquidos.
g) Retire la sartén del fuego y cubra los huevos con el queso rallado.
h) Con una espátula, doble suavemente los huevos sobre el queso.
i) Coloque la mezcla de huevo en envoltorios de rollos de huevo y enróllelos bien.
j) Hornea los rollitos durante 13 minutos, hasta que estén crujientes y dorados.

6. Rollitos De Huevo Con Verduras

INGREDIENTES:
- 1 a 2 cucharaditas de aceite de canola
- 1 taza de repollo rallado
- 1 taza de zanahorias ralladas
- 1 taza de brotes de frijol
- 1/2 taza de champiñones finamente picados (cualquier tipo)
- 1/2 taza de cebollines en rodajas
- 2 cucharaditas de pasta de chile
- 1/2 cucharadita de jengibre molido
- 1/4 taza de salsa de soja o tamari baja en sodio
- 2 cucharaditas de fécula de patata
- 8 envoltorios de rollitos de huevo veganos

INSTRUCCIONES:
a) En una sartén grande, calienta el aceite a fuego medio-alto. Agregue el repollo, las zanahorias, los brotes de soja, los champiñones, las cebolletas, la pasta de chile y el jengibre. Saltee durante 3 minutos.

b) En un tazón pequeño o taza medidora, mezcle la salsa de soya y el almidón de papa. Vierta esta mezcla en la sartén y combine con las verduras.

c) Coloque los envoltorios de los rollitos de huevo sobre una superficie de trabajo. Cepille ligeramente los bordes con agua. Coloca 1/4 taza del relleno en un extremo del envoltorio. Comience a enrollar el envoltorio sobre las verduras, metiendo los

extremos después del primer enrollado. Repita este proceso con los envoltorios restantes y el relleno.
d) Transfiera los rollitos de huevo a la canasta de la freidora. Cocine a 360°F durante 6 minutos, agitando a la mitad del tiempo de cocción.

7. Rollitos de huevo con pechuga

INGREDIENTES:
- 1 taza de pechuga cocida, desmenuzada
- Envoltorios de rollitos de huevo
- 1/2 taza de repollo rallado
- 1/4 taza de zanahorias ralladas
- 2 cebollas verdes, en rodajas finas
- Salsa de soja para mojar

INSTRUCCIONES:
a) En un tazón, combine la pechuga rallada, el repollo rallado, las zanahorias ralladas y las cebollas verdes en rodajas.
b) Coloque una envoltura de rollo de huevo sobre una superficie limpia.
c) Coloque una cucharada de la mezcla de pechuga en una esquina del envoltorio.
d) Enrolle bien la esquina con el relleno, metiendo los lados a medida que avanza.
e) Humedece los bordes del envoltorio con agua para sellar.
f) Repita con los envoltorios restantes y el relleno.
g) Caliente el aceite en una sartén profunda o freidora a 350 °F (175 °C).
h) Coloque con cuidado los rollitos en el aceite caliente y fríalos hasta que estén dorados y crujientes, aproximadamente 2-3 minutos por lado.
i) Retirar del aceite y escurrir en un plato forrado con papel toalla.
j) Sirva caliente con salsa de soja para mojar.

8. Rollitos de huevo con aguacate

INGREDIENTES:
- 2 aguacates grandes
- 2 tiras de tocino, cocidas y picadas
- 1/4 cebolla morada, picada
- 2 dientes de ajo, picados
- 1 cucharada de cilantro, picado
- Jugo de media lima
- 1/2 cucharadita de sal
- 1/4 cucharadita de pimienta negra (omítala para AIP)
- 4 envolturas de coco
- Aceite de aguacate para cepillar los wraps.

INSTRUCCIONES:
a) Triture el aguacate en un tazón mediano y combínelo con el tocino, la cebolla morada, el cilantro, el ajo, la sal, la pimienta y el jugo de limón. Dejar de lado.
b) Agrega una cuarta parte del relleno al centro de cada envoltura de coco, teniendo cuidado de no llenar demasiado.
c) Enrolle la envoltura doblando el borde inferior hacia arriba aproximadamente un tercio del camino, luego doble las dos esquinas y enrolle el rollo de huevo con fuerza.
d) Agrega un poco de agua al borde del rollito de huevo para sellar. Repita con cada una de las 4 envolturas de coco.

e) Precaliente la freidora a 250 F y prepare los rollitos de huevo untándolos ligeramente con aceite de aguacate.
f) Coloque los rollitos de huevo en la freidora y déjelos durante 4-5 minutos .
g) Retirar con cuidado de la freidora con unas pinzas.
h) Deje que se enfríen un poco antes de servir solos o con una guarnición como una salsa de crema agria o un aderezo de cilantro y lima.

9. Wraps de rollitos de huevo con gambas y repollo

INGREDIENTES:
- 2 cucharadas de aceite de oliva
- 1 zanahoria, cortada en tiras
- Trozo de 1 pulgada de jengibre fresco, rallado
- 1 cucharada de ajo picado
- 2 cucharadas de salsa de soja
- $\frac{1}{4}$ taza de caldo de pollo
- 1 cucharada de azúcar
- 1 taza de repollo Napa rallado
- 1 cucharada de aceite de sésamo
- 8 langostinos cocidos, picados
- 8 envoltorios de rollitos de huevo
- 1 huevo batido
- Spray para cocinar

INSTRUCCIONES:
a) Rocíe la canasta de la freidora con aceite en aerosol. Dejar de lado.

b) Calienta el aceite de oliva en una sartén antiadherente a fuego medio hasta que brille.

c) Agrega la zanahoria, el jengibre y el ajo y saltea durante 2 minutos o hasta que estén fragantes.

d) Vierta la salsa de soja, el caldo y el azúcar. Llevar a ebullición. Sigue revolviendo.

e) Agrega el repollo y cocina a fuego lento durante 4 minutos o hasta que el repollo esté tierno.

f) Apague el fuego y mezcle con el aceite de sésamo. Dejar reposar durante 15 minutos.

g) Utilice un colador para retirar las verduras del líquido y luego combine con los langostinos picados.
h) Despliegue los envoltorios de los rollitos de huevo sobre una superficie de trabajo limpia, luego divida la mezcla de camarones en el centro de los envoltorios.
i) Frote los bordes de una envoltura con el huevo batido, luego doble una esquina sobre el relleno y meta la esquina debajo del relleno. Dobla las esquinas izquierda y derecha hacia el centro. Enrolle el envoltorio y presione para sellar. Repita con los envoltorios restantes.
j) Coloque los envoltorios en la sartén y rocíe con aceite en aerosol.
k) Coloque la canasta de la freidora en la bandeja para hornear y deslícela a la posición de rejilla 2, seleccione Air Fry, ajuste la temperatura a 370°F (188°C) y ajuste el tiempo a 12 minutos.
l) Voltee los envoltorios a mitad del tiempo de cocción.
m) Cuando se complete la cocción, los envoltorios deben estar dorados.
n) Servir inmediatamente.

10. Filetes de queso Filadelfia fritos al aire

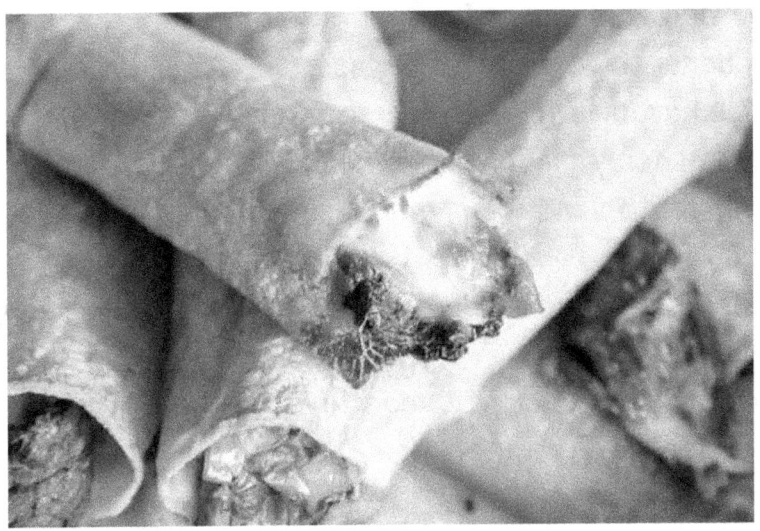

INGREDIENTES:
- 12 onzas (340 g) de filete de costilla deshuesado, cortado en rodajas finas
- ½ cucharadita de salsa inglesa
- ½ cucharadita de salsa de soja
- Sal kosher y pimienta negra molida, al gusto
- ½ pimiento verde, sin tallos, sin semillas y en rodajas finas
- ½ cebolla pequeña, partida por la mitad y en rodajas finas
- 1 cucharada de aceite vegetal
- 2 panecillos hoagie suaves, partidos en tres cuartas partes
- 1 cucharada de mantequilla, ablandada
- 2 rebanadas de queso provolone, cortado a la mitad

INSTRUCCIONES:
a) Combine el bistec, la salsa inglesa, la salsa de soja, la sal y la pimienta negra molida en un tazón grande. Mezcle para cubrir bien. Dejar de lado.

b) Combine el pimiento morrón, la cebolla, la sal, la pimienta negra molida y el aceite vegetal en un recipiente aparte. Mezcle para cubrir bien las verduras.

c) Coloque el bistec y las verduras en la canasta de la freidora.

d) Coloque la canasta de la freidora en la bandeja para hornear y deslícela a la Posición de rejilla 2, seleccione Air Fry, ajuste la temperatura a 400°F (205°C) y ajuste el tiempo a 15 minutos.

e) Cuando esté cocido, el bistec se dorará y las verduras estarán tiernas. Transfiérelos a un plato. Dejar de lado.

f) Unte los panecillos con mantequilla y colóquelos en la canasta.

g) Seleccione Tostar y configure el tiempo en 3 minutos. Regresar al horno. Cuando estén listos, los panecillos deben estar ligeramente dorados.

h) Transfiera los panecillos a una superficie de trabajo limpia y divida la mezcla de carne y verduras entre los panecillos. Untar con queso. Transfiera los panecillos rellenos a la canasta.

i) Seleccione Air Fry y establezca el tiempo en 2 minutos. Regresar al horno. Cuando esté listo, el queso debe estar derretido.

j) Servir inmediatamente.

11. Rollitos de huevo con aguacate y tomate

INGREDIENTES:
- 10 envoltorios de rollitos de huevo
- 3 aguacates, pelados y sin hueso
- 1 tomate, cortado en cubitos
- Sal y pimienta negra molida al gusto.
- Spray para cocinar

INSTRUCCIONES:
a) Rocíe la canasta de la freidora con aceite en aerosol.
b) Pon el tomate y los aguacates en un procesador de alimentos. Espolvorea con sal y pimienta negra molida. Pulse para mezclar y triture en trozos grandes hasta que quede suave.
c) Desdobla los envoltorios sobre una superficie de trabajo limpia, luego divide la mezcla en el centro de cada envoltorio. Enrolle el envoltorio y presione para sellar.
d) Transfiera los panecillos a la sartén y rocíe con aceite en aerosol.
e) Coloque la canasta de la freidora en la bandeja para hornear y deslícela a la posición de rejilla 2, seleccione Air Fry, ajuste la temperatura a 350°F (180°C) y ajuste el tiempo a 5 minutos.
f) Voltee los panecillos a la mitad del tiempo de cocción.
g) Cuando estén cocidos, los panecillos deben estar dorados.
h) Servir inmediatamente.

12. Rollitos de primavera crujientes fritos al aire

INGREDIENTES:
- 4 envoltorios de rollitos de primavera
- $\frac{1}{2}$ taza de fideos fideos cocidos
- 1 cucharadita de aceite de sésamo
- 1 cucharada de jengibre recién picado
- 1 cucharada de salsa de soja
- 1 diente de ajo, picado
- $\frac{1}{2}$ pimiento rojo, sin semillas y picado
- $\frac{1}{2}$ taza de zanahoria picada
- $\frac{1}{2}$ taza de champiñones picados
- $\frac{1}{4}$ de taza de cebolletas picadas
- Spray para cocinar

INSTRUCCIONES:
a) Rocíe la canasta de la freidora con aceite en aerosol y reserve.

b) Calienta el aceite de sésamo en una cacerola a fuego medio. Saltee el jengibre y el ajo en aceite de sésamo durante 1 minuto o hasta que estén fragantes. Agregue la salsa de soja, el pimiento rojo, la zanahoria, los champiñones y las cebolletas. Saltee durante 5 minutos o hasta que las verduras estén tiernas. Incorpora los fideos fideos. Apaga el fuego y retíralos del cazo. Dejar enfriar durante 10 minutos.

c) Coloque un envoltorio de rollitos de primavera con una esquina apuntando hacia usted. Coloque la mezcla de fideos sobre el envoltorio de rollitos de primavera y doble la esquina hacia arriba sobre la

mezcla. Doble las esquinas izquierda y derecha hacia el centro y continúe enrollando para formar rollos firmemente sellados.
d) Coloque los rollitos de primavera en la sartén y rocíe con aceite en aerosol.
e) Coloque la canasta de la freidora en la bandeja para hornear y deslícela a la posición de rejilla 2, seleccione Air Fry, ajuste la temperatura a 340°F (171°C) y ajuste el tiempo a 12 minutos.
f) Voltee los rollitos de primavera a la mitad del tiempo de cocción.
g) Cuando estén listos, los rollitos de primavera estarán dorados y crujientes.
h) Servir caliente.

13. Rollitos de primavera de repollo y champiñones

INGREDIENTES:
- 2 cucharadas de aceite vegetal
- 4 tazas de repollo Napa en rodajas
- 5 onzas (142 g) de hongos shiitake, cortados en cubitos
- 3 zanahorias, cortadas en palitos finos
- 1 cucharada de jengibre fresco picado
- 1 cucharada de ajo picado
- 1 manojo de cebolletas, solo las partes blanca y verde claro, en rodajas
- 2 cucharadas de salsa de soja
- 1 paquete (4 onzas / 113 g) de fideos de celofán
- $\frac{1}{4}$ cucharadita de maicena
- 1 paquete (12 onzas / 340 g) de envoltorios de rollitos de primavera congelados, descongelados
- Spray para cocinar

INSTRUCCIONES:
a) Calienta el aceite de oliva en una sartén antiadherente a fuego medio-alto hasta que brille.

b) Agrega el repollo, los champiñones y las zanahorias y saltea durante 3 minutos o hasta que estén tiernos.

c) Agregue el jengibre, el ajo y las cebolletas y saltee durante 1 minuto o hasta que estén fragantes.

d) Agrega la salsa de soja y apaga el fuego. Desecha los restos de líquido que queden en la sartén y deja enfriar unos minutos.

e) Ponga a hervir agua en una olla, luego apague el fuego y vierta los fideos. Deja reposar por 10 minutos o hasta que los fideos estén al dente. Transfiera 1 taza de fideos a la sartén y mezcle con las verduras cocidas. Reserve los fideos restantes para otro uso.

f) Disuelva la maicena en un plato pequeño con agua y luego coloque los envoltorios sobre una superficie de trabajo limpia. Frote los bordes de los envoltorios con maicena.

g) Saque 3 cucharadas de relleno en el centro de cada envoltorio y luego doble la esquina frente a usted sobre el relleno. Meta el envoltorio debajo del relleno, luego doble las esquinas de ambos lados hacia el centro. Sigue enrollando para sellar el envoltorio. Repita con los envoltorios restantes.

h) Rocíe la canasta de la freidora con aceite en aerosol. Coloque los envoltorios en la sartén y rocíe con aceite en aerosol.

i) Coloque la canasta de la freidora en la bandeja para hornear y deslícela a la posición de rejilla 2, seleccione Air Fry, ajuste la temperatura a 400°F (205°C) y ajuste el tiempo a 10 minutos.

j) Voltee los envoltorios a mitad del tiempo de cocción.

k) Cuando se complete la cocción, los envoltorios estarán dorados.

l) Servir inmediatamente.

14. Rollitos De Huevo De Pollo Crujientes

INGREDIENTES:
- 1 libra (454 g) de pollo molido
- 2 cucharaditas de aceite de oliva
- 2 dientes de ajo, picados
- 1 cucharadita de jengibre fresco rallado
- 2 tazas de repollo blanco, rallado
- 1 cebolla, picada
- $\frac{1}{4}$ taza de salsa de soja
- 8 envoltorios de rollitos de huevo
- 1 huevo batido
- Spray para cocinar

INSTRUCCIONES:
a) Rocíe la canasta de la freidora con aceite en aerosol.
b) Calienta el aceite de oliva en una cacerola a fuego medio. Saltee el ajo y el jengibre en aceite de oliva durante 1 minuto o hasta que estén fragantes. Agrega el pollo molido a la cacerola. Saltee durante 5 minutos o hasta que el pollo esté bien cocido. Agrega el repollo, la cebolla y la salsa de soja y saltea durante 5 a 6 minutos, o hasta que las verduras se ablanden. Retire la cacerola del fuego.
c) Despliegue los envoltorios de los rollitos de huevo sobre una superficie de trabajo limpia. Divida la mezcla de pollo entre los envoltorios y unte los bordes de los envoltorios con el huevo batido. Enrolle bien los rollitos, cubriendo el relleno. Coloca los panecillos en la sartén.
d) Coloque la canasta de la freidora en la bandeja para hornear y deslícela a la posición de rejilla 2, seleccione

Air Fry, ajuste la temperatura a 370°F (188°C) y ajuste el tiempo a 12 minutos.

e) Voltee los panecillos a la mitad del tiempo de cocción.

f) Cuando estén cocidos, los panecillos quedarán crujientes y dorados.

g) Transfiera a un plato y déjelo enfriar durante 5 minutos antes de servir.

15.Rollitos de huevo con cerdo y champiñones

INGREDIENTES:
ROLLOS DE HUEVO:
- 1 cucharada de mirín
- 3 cucharadas de salsa de soja, dividida
- 1 libra (454 g) de carne de cerdo molida
- 3 cucharadas de aceite vegetal, y más para cepillar
- 5 onzas (142 g) de hongos shiitake, picados
- 4 tazas de repollo Napa rallado
- ¼ de taza de cebollines en rodajas
- 1 cucharadita de jengibre fresco rallado
- 1 diente de ajo, picado
- ¼ cucharadita de maicena
- 1 paquete (1 libra/454 g) de envoltorios de rollitos de huevo congelados, descongelados

SALSA DE ACOMPAÑAMIENTO:
- 1 cebolleta, solo las partes blanca y verde claro, en rodajas
- ¼ taza de vinagre de arroz
- ¼ taza de salsa de soja
- Una pizca de semillas de sésamo
- Una pizca de hojuelas de pimiento rojo
- 1 cucharadita de azúcar granulada

INSTRUCCIONES:
a) Cubra la canasta de la freidora con papel pergamino. Dejar de lado.

b) Combine el mirin y 1 cucharada de salsa de soja en un tazón grande. Revuelva para mezclar bien.

c) Sumerge la carne de cerdo molida en la mezcla y revuelve para mezclar bien. Envuelva el bol en plástico y deje marinar en el frigorífico durante al menos 10 minutos.

d) Calienta el aceite vegetal en una sartén antiadherente a fuego medio-alto hasta que brille. Agrega los champiñones, el repollo y las cebolletas y saltea durante 5 minutos o hasta que estén tiernos.

e) Agrega la carne marinada, el jengibre, el ajo y las 2 cucharadas restantes de salsa de soja. Saltee durante 3 minutos o hasta que la carne de cerdo esté ligeramente dorada. Apague el fuego y déjelo enfriar hasta que esté listo para usar.

f) Coloque la maicena en un tazón pequeño y vierta suficiente agua para disolver la maicena. Coloque el recipiente junto a una superficie de trabajo limpia.

g) Pon los envoltorios de los rollitos de huevo en la cesta.

h) Coloque la canasta de la freidora en la bandeja para hornear y deslícela a la Posición de rejilla 2, seleccione Air Fry, ajuste la temperatura a 400°F (205°C) y ajuste el tiempo a 15 minutos.

i) Voltee los envoltorios a mitad del tiempo de cocción.

j) Cuando estén cocidos, los envoltorios estarán dorados. Retira los envoltorios de egg roll del horno y déjalos enfriar durante 10 minutos o hasta que puedas manipularlos con las manos.

k) Coloque un envoltorio de rollo de huevo sobre la superficie de trabajo con una esquina apuntando hacia usted. Coloque 2 cucharadas de la mezcla de carne de cerdo en el envoltorio del rollito de huevo y doble la esquina hacia arriba sobre la mezcla. Dobla las esquinas izquierda y derecha hacia el centro y continúa enrollando. Cepille un poco de maicena disuelta en la última esquina para ayudar a sellar la envoltura del huevo. Repita con los envoltorios restantes para hacer 25 rollitos de huevo en total.

l) Coloque los panecillos en la canasta y unte los panecillos con más aceite vegetal.

m) Seleccione Air Fry y establezca el tiempo en 10 minutos. Regresar al horno. Cuando estén listos, los panecillos deben estar bien dorados y crujientes.

n) Mientras tanto, combine los ingredientes para la salsa en un tazón pequeño. Revuelva para mezclar bien.

o) Sirva los panecillos con la salsa para mojar inmediatamente.

16. Rollos de huevo impresionantes

INGREDIENTES:
- 6 tazas de repollo, rallado
- 1 zanahoria, rallada
- 1/2 taza de brotes de frijol frescos
- 1 tallo de apio, cortado en cubitos
- 2 cucharadas de cebolla picada
- 1 lata (4 onzas) de camarones, escurridos
- 2 cucharadas de salsa de soja
- 1 pizca de pimienta negra al gusto
- 1 huevo, batido
- 1 cucharada de maicena
- 20 envoltorios de rollos de huevo de cada uno
- 1 litro de aceite vegetal para freír

INSTRUCCIONES:
a) En un tazón grande, mezcle el repollo, las zanahorias, los brotes, el apio y la cebolla. Agrega los camarones, la salsa de soja, el ajo en polvo y la pimienta negra.

b) Vierta el huevo batido en una sartén colocada a fuego medio; cocine plano y fino, volteando una vez, hasta que esté cocido. Retirar de la sartén, enfriar y picar fino. Agrega el huevo a la mezcla de repollo.

c) Espolvorea la parte superior con maicena, mezcla e invita a reposar diez minutos.

d) Coloque varias 3 cucharadas de la mezcla de camarones en el centro de la piel de un rollito de huevo. Sumerja una cuchara en la mezcla de agua y maicena y humedezca todos los rincones, excepto la esquina inferior.

e) Doblar el rollito y sofreír hasta que esté dorado.

17. Rollitos de huevo vietnamitas Cha Gio

INGREDIENTES:
- 1 taza de hebras de frijol crudas
- 1 hongo shiitake seco grande
- 1 libra de carne de cerdo molida
- 1/2 libra de camarones picados
- 1 zanahoria zanahoria grande pelada
- 1 chalota chalote pequeña picada
- 2 cucharaditas de salsa
- 1 cucharaditas de azúcar azúcar blanca
- 1 cucharaditas de sal
- 1 cucharaditas de pimienta negra r
- 24 rollos de huevo cada uno envoltorios de rollos de huevo
- 1 huevo batido
- 1 litro de aceite para freír

INSTRUCCIONES:
a) Combine los fideos, el shiitake, la carne de cerdo, los camarones, la zanahoria, la chalota, la salsa de pescado, el azúcar, la sal y la pimienta en un tazón grande. Mezcle bien para dividir la carne de cerdo y distribuir uniformemente los ingredientes del relleno.

b) Coloque 1 envoltorio de rollo de huevo en diagonal sobre una superficie fija. Extender apenas 2 cucharadas de relleno sobre las tripas del envoltorio. Doblar

c) Caliente el aceite en una freidora, wok o cacerola grande a 350 grados F (175 grados C), o hasta que una gota de agua salte en la parte superior.
d) Freír los rollitos hasta que estén dorados, de 5 a 8 minutos. Escurrir sobre toallas de papel o bolsas de papel.

18. Rollitos de huevo de gallina agridulces

INGREDIENTES:
- 1 taza de pollo cocido, desmenuzado
- 1 taza de repollo rallado
- 1/2 taza de zanahorias ralladas
- 1/4 taza de cebollas verdes picadas
- 1/4 taza de salsa agridulce
- Envoltorios de rollitos de huevo
- Aceite para freír

INSTRUCCIONES:
a) En un tazón, mezcle el pollo cocido, el repollo, las zanahorias, las cebollas verdes y la salsa agridulce hasta que estén bien combinados.

b) Coloque una cucharada de la mezcla de pollo en el centro de cada envoltorio de rollo de huevo.

c) Dobla la esquina inferior del envoltorio sobre el relleno, luego dobla los lados y enrolla bien.

d) Humedece la esquina superior del envoltorio con agua para sellar el rollito.

e) Caliente el aceite en una freidora o sartén a 350 °F (175 °C).

f) Freír los rollitos en tandas hasta que estén dorados y crujientes, aproximadamente de 3 a 4 minutos por tanda.

g) Retirar del aceite y escurrir sobre toallas de papel. Sirva caliente con salsa agridulce adicional para mojar.

19. Rollitos de pollo frito y huevo

INGREDIENTES:
- 1 taza de pollo desmenuzado cocido
- 1/4 taza de salsa búfalo
- 1/4 taza de aderezo ranch o queso azul
- 1/2 taza de queso mozzarella rallado
- 1/4 taza de apio picado
- Envoltorios de rollitos de huevo
- Aceite para freír

INSTRUCCIONES:
a) En un tazón, combine el pollo desmenuzado, la salsa búfalo, el aderezo ranch o de queso azul, el queso mozzarella y el apio picado hasta que estén bien mezclados.

b) Coloque una cucharada de la mezcla de pollo en el centro de cada envoltorio de rollo de huevo.

c) Dobla la esquina inferior del envoltorio sobre el relleno, luego dobla los lados y enrolla bien.

d) Humedece la esquina superior del envoltorio con agua para sellar el rollito.

e) Caliente el aceite en una freidora o sartén a 350 °F (175 °C).

f) Freír los rollitos en tandas hasta que estén dorados y crujientes, aproximadamente de 3 a 4 minutos por tanda.

g) Retirar del aceite y escurrir sobre toallas de papel. Sirva caliente con salsa búfalo adicional o aderezo ranch para mojar.

20. Rollitos de huevo tex-mex

INGREDIENTES:
- 1 taza de carne molida o pavo cocido
- 1/2 taza de frijoles negros, escurridos y enjuagados
- 1/2 taza de granos de elote
- 1/2 taza de pimientos morrones cortados en cubitos
- 1/4 taza de cebollas picadas
- 1 cucharadita de chile en polvo
- 1/2 cucharadita de comino
- Sal y pimienta para probar
- Envoltorios de rollitos de huevo
- Aceite para freír

INSTRUCCIONES:

a) En una sartén, cocina la carne molida o el pavo a fuego medio hasta que se dore. Escurrir el exceso de grasa.

b) Agrega los frijoles negros, el maíz, los pimientos morrones, la cebolla, el chile en polvo, el comino, la sal y la pimienta a la sartén. Cocine durante 3-4 minutos más hasta que las verduras se ablanden.

c) Coloque una cucharada de la mezcla en el centro de cada envoltorio de rollito de huevo.

d) Dobla la esquina inferior del envoltorio sobre el relleno, luego dobla los lados y enrolla bien.

e) Humedece la esquina superior del envoltorio con agua para sellar el rollito.

f) Caliente el aceite en una freidora o sartén a 350 °F (175 °C).

g) Freír los rollitos en tandas hasta que estén dorados y crujientes, aproximadamente de 3 a 4 minutos por tanda.

h) Retirar del aceite y escurrir sobre toallas de papel. Sirva caliente con salsa, guacamole o crema agria para mojar.

i) ¡Disfruta probando estas nuevas recetas de rollitos de huevo!

21. Rollitos de huevo con champiñones y espinacas

INGREDIENTES:
- 1 taza de champiñones picados
- 1 taza de espinacas picadas
- 1/2 taza de queso mozzarella rallado
- 2 dientes de ajo, picados
- 1 cucharadita de salsa de soja
- Sal y pimienta para probar
- Envoltorios de rollitos de huevo
- Aceite para freír

INSTRUCCIONES:
a) En una sartén saltear los champiñones picados y el ajo hasta que se ablanden.
b) Agregue las espinacas picadas a la sartén y cocine hasta que se ablanden.
c) Agrega la salsa de soja, la sal y la pimienta. Retirar del fuego y dejar enfriar un poco.
d) Coloque una cucharada de la mezcla de champiñones y espinacas en el centro de cada envoltorio de rollo de huevo.
e) Espolvorea queso mozzarella rallado encima de la mezcla.
f) Dobla la esquina inferior del envoltorio sobre el relleno, luego dobla los lados y enrolla bien.
g) Humedece la esquina superior del envoltorio con agua para sellar el rollito.
h) Caliente el aceite en una freidora o sartén a 350 °F (175 °C).

i) Freír los rollitos en tandas hasta que estén dorados y crujientes, aproximadamente de 3 a 4 minutos por tanda.

j) Retirar del aceite y escurrir sobre toallas de papel. Sirva caliente con su salsa favorita.

22. Rollitos De Huevo Caprese

INGREDIENTES:
- 1 taza de tomates cortados en cubitos
- 1/2 taza de queso mozzarella fresco cortado en cubitos
- 1/4 taza de albahaca fresca picada
- 2 cucharadas de glaseado balsámico
- Sal y pimienta para probar
- Envoltorios de rollitos de huevo
- Aceite para freír

INSTRUCCIONES:
a) En un tazón, combine los tomates cortados en cubitos, el queso mozzarella fresco, la albahaca picada, el glaseado balsámico, la sal y la pimienta.

b) Coloque una cucharada de la mezcla caprese en el centro de cada envoltorio de rollito de huevo.

c) Dobla la esquina inferior del envoltorio sobre el relleno, luego dobla los lados y enrolla bien.

d) Humedece la esquina superior del envoltorio con agua para sellar el rollito.

e) Caliente el aceite en una freidora o sartén a 350 °F (175 °C).

f) Freír los rollitos en tandas hasta que estén dorados y crujientes, aproximadamente de 3 a 4 minutos por tanda.

g) Retirar del aceite y escurrir sobre toallas de papel. Sirva caliente con glaseado balsámico adicional para mojar.

23. Rollitos de huevo con salchicha y pimiento

INGREDIENTES:
- 1 taza de salchicha italiana cocida, desmenuzada
- 1/2 taza de pimientos morrones cortados en cubitos (rojo, verde y/o amarillo)
- 1/4 taza de cebollas picadas
- 1/2 taza de queso mozzarella rallado
- 1 cucharadita de condimento italiano
- Sal y pimienta para probar
- Envoltorios de rollitos de huevo
- Aceite para freír

INSTRUCCIONES:
a) En una sartén sofreír los pimientos morrones y la cebolla cortados en cubitos hasta que se ablanden.

b) Agregue la salchicha italiana cocida a la sartén y cocine hasta que esté completamente caliente.

c) Agrega el condimento italiano, la sal y la pimienta. Retirar del fuego y dejar enfriar un poco.

d) Coloque una cucharada de la mezcla de salchicha y pimiento en el centro de cada envoltorio de rollo de huevo.

e) Espolvorea queso mozzarella rallado encima de la mezcla.

f) Dobla la esquina inferior del envoltorio sobre el relleno, luego dobla los lados y enrolla bien.

g) Humedece la esquina superior del envoltorio con agua para sellar el rollito.

h) Caliente el aceite en una freidora o sartén a 350 °F (175 °C).

i) Freír los rollitos en tandas hasta que estén dorados y crujientes, aproximadamente de 3 a 4 minutos por tanda.

j) Retirar del aceite y escurrir sobre toallas de papel. Sirva caliente con salsa marinara para mojar.

24. Rollitos de huevo de inspiración griega

INGREDIENTES:
- 1 taza de carne de gyro cocida, cortada en cubitos
- 1/2 taza de espinacas picadas
- 1/4 taza de tomates cortados en cubitos
- 1/4 taza de queso feta desmenuzado
- 2 cucharadas de aceitunas kalamata picadas
- 1 cucharadita de orégano seco
- Sal y pimienta para probar
- Envoltorios de rollitos de huevo
- Aceite para freír

INSTRUCCIONES:
a) En un tazón, combine la carne de gyro cortada en cubitos, las espinacas picadas, los tomates cortados en cubitos, el queso feta desmenuzado, las aceitunas kalamata picadas, el orégano seco, la sal y la pimienta.

b) Coloque una cucharada de la mezcla en el centro de cada envoltorio de rollito de huevo.

c) Dobla la esquina inferior del envoltorio sobre el relleno, luego dobla los lados y enrolla bien.

d) Humedece la esquina superior del envoltorio con agua para sellar el rollito.

e) Caliente el aceite en una freidora o sartén a 350 °F (175 °C).

f) Freír los rollitos en tandas hasta que estén dorados y crujientes, aproximadamente de 3 a 4 minutos por tanda.

g) Retirar del aceite y escurrir sobre toallas de papel. Sirva caliente con salsa tzatziki para mojar.

25. Rollitos de huevo con salsa de espinacas y alcachofas

INGREDIENTES:
- 1 taza de espinacas picadas
- 1 taza de corazones de alcachofa enlatados picados, escurridos
- 1/2 taza de queso mozzarella rallado
- 1/4 taza de queso parmesano rallado
- 1/4 taza de queso crema, ablandado
- 1/4 taza de crema agria
- 1 diente de ajo, picado
- Sal y pimienta para probar
- Envoltorios de rollitos de huevo
- Aceite para freír

INSTRUCCIONES:
a) En un tazón, mezcle las espinacas picadas, los corazones de alcachofa picados, el queso mozzarella rallado, el queso parmesano rallado, el queso crema ablandado, la crema agria, el ajo picado, la sal y la pimienta hasta que estén bien combinados.

b) Coloque una cucharada de la mezcla de salsa de espinacas y alcachofas en el centro de cada envoltorio de rollo de huevo.

c) Dobla la esquina inferior del envoltorio sobre el relleno, luego dobla los lados y enrolla bien.

d) Humedece la esquina superior del envoltorio con agua para sellar el rollito.

e) Caliente el aceite en una freidora o sartén a 350 °F (175 °C).

f) Freír los rollitos en tandas hasta que estén dorados y crujientes, aproximadamente de 3 a 4 minutos por tanda.

g) Retirar del aceite y escurrir sobre toallas de papel. Sirva caliente con salsa marinara o aderezo ranch para mojar.

26. Rollitos de huevo para el desayuno Tex-Mex

INGREDIENTES:
- 1 taza de salchicha de desayuno cocida, desmenuzada
- 1/2 taza de huevos revueltos
- 1/4 taza de pimientos morrones cortados en cubitos (rojo, verde y/o amarillo)
- 1/4 taza de cebollas picadas
- 1/2 taza de queso cheddar rallado
- 1 cucharadita de condimento para tacos
- Sal y pimienta para probar
- Envoltorios de rollitos de huevo
- Aceite para freír

INSTRUCCIONES:
a) En una sartén, combine la salchicha de desayuno desmenuzada, los huevos revueltos, los pimientos morrones cortados en cubitos, las cebollas picadas, el queso cheddar rallado, el condimento para tacos, la sal y la pimienta.

b) Coloque una cucharada de la mezcla de desayuno Tex-Mex en el centro de cada envoltorio de rollo de huevo.

c) Dobla la esquina inferior del envoltorio sobre el relleno, luego dobla los lados y enrolla bien.

d) Humedece la esquina superior del envoltorio con agua para sellar el rollito.

e) Caliente el aceite en una freidora o sartén a 350 °F (175 °C).

f) Freír los rollitos en tandas hasta que estén dorados y crujientes, aproximadamente de 3 a 4 minutos por tanda.

g) Retirar del aceite y escurrir sobre toallas de papel. Sirva caliente con salsa o crema agria para mojar.

27. Rollitos de huevo mediterráneos

INGREDIENTES:
- 1 taza de pollo cocido, desmenuzado
- 1/2 taza de tomates secos picados
- 1/4 taza de aceitunas negras picadas
- 1/4 taza de queso feta desmenuzado
- 2 cucharadas de albahaca fresca picada
- 1 cucharada de aceite de oliva
- Sal y pimienta para probar
- Envoltorios de rollitos de huevo
- Aceite para freír

INSTRUCCIONES:
a) En un tazón, mezcle el pollo desmenuzado, los tomates secados al sol picados, las aceitunas negras picadas, el queso feta desmenuzado, la albahaca fresca picada, el aceite de oliva, la sal y la pimienta hasta que estén bien combinados.

b) Coloque una cucharada de la mezcla mediterránea en el centro de cada envoltorio de rollito de huevo.

c) Dobla la esquina inferior del envoltorio sobre el relleno, luego dobla los lados y enrolla bien.

d) Humedece la esquina superior del envoltorio con agua para sellar el rollito.

e) Caliente el aceite en una freidora o sartén a 350 °F (175 °C).

f) Freír los rollitos en tandas hasta que estén dorados y crujientes, aproximadamente de 3 a 4 minutos por tanda.

g) Retirar del aceite y escurrir sobre toallas de papel. Sirva caliente con salsa tzatziki para mojar.

28. Rollitos de huevo de coliflor y búfalo

INGREDIENTES:
- 2 tazas de floretes de coliflor
- 1/4 taza de salsa búfalo
- 1/4 taza de queso azul o aderezo ranch
- 1/4 taza de apio cortado en cubitos
- 1/4 taza de cebolla morada picada
- 1/2 taza de queso cheddar rallado
- Sal y pimienta para probar
- Envoltorios de rollitos de huevo
- Aceite para freír

INSTRUCCIONES:
a) Precalienta el horno a 425°F (220°C). Cubra una bandeja para hornear con papel pergamino.
b) Mezcle los floretes de coliflor con la salsa búfalo hasta que estén cubiertos uniformemente. Extiéndelas en la bandeja para hornear preparada.
c) Ase la coliflor en el horno precalentado durante 20-25 minutos, o hasta que esté tierna y ligeramente crujiente.
d) En un tazón, combine la coliflor asada, el queso azul o el aderezo ranch, el apio picado, la cebolla morada picada, el queso cheddar rallado, la sal y la pimienta.
e) Coloque una cucharada de la mezcla de coliflor búfala en el centro de cada envoltorio de rollo de huevo.
f) Dobla la esquina inferior del envoltorio sobre el relleno, luego dobla los lados y enrolla bien.
g) Humedece la esquina superior del envoltorio con agua para sellar el rollito.

h) Caliente el aceite en una freidora o sartén a 350 °F (175 °C).

i) Freír los rollitos en tandas hasta que estén dorados y crujientes, aproximadamente de 3 a 4 minutos por tanda.

j) Retirar del aceite y escurrir sobre toallas de papel. Sirva caliente con salsa búfalo adicional o aderezo de queso azul para mojar.

29. Rollitos De Huevo Con Hamburguesa Con Queso

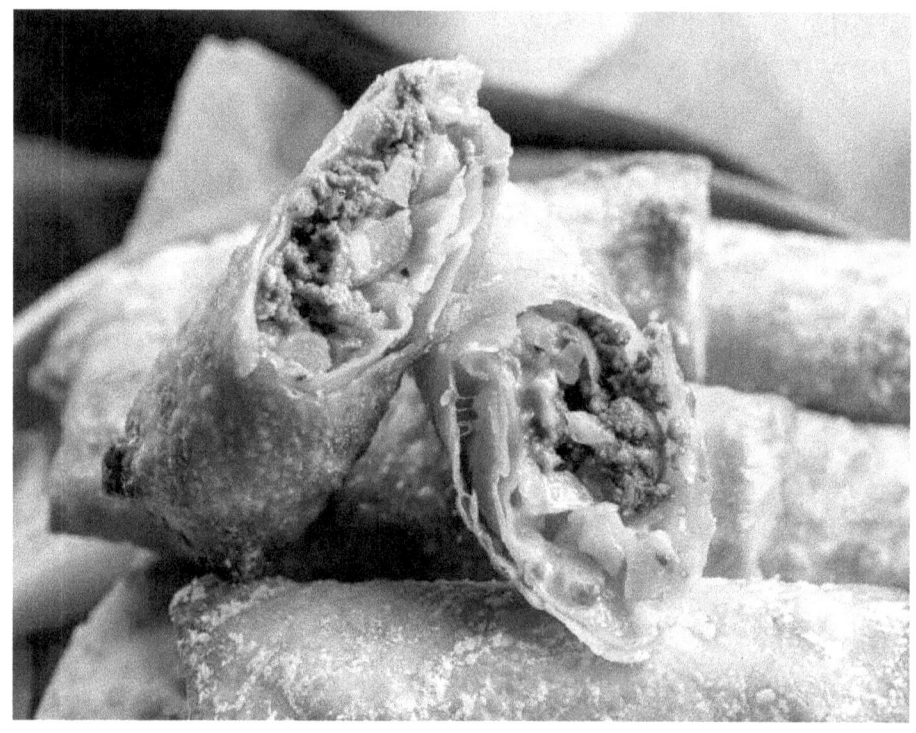

INGREDIENTES:
- 1 taza de carne molida cocida
- 1/2 taza de tomates cortados en cubitos
- 1/4 taza de cebollas picadas
- 1/2 taza de queso cheddar rallado
- 2 cucharadas de salsa de tomate
- 1 cucharada de mostaza
- Sal y pimienta para probar
- Envoltorios de rollitos de huevo
- Aceite para freír

INSTRUCCIONES:
a) En una sartén, combine la carne molida cocida, los tomates cortados en cubitos, la cebolla picada, el queso cheddar rallado, la salsa de tomate, la mostaza, la sal y la pimienta.

b) Coloque una cucharada de la mezcla de hamburguesa con queso en el centro de cada envoltorio de rollo de huevo.

c) Dobla la esquina inferior del envoltorio sobre el relleno, luego dobla los lados y enrolla bien.

d) Humedece la esquina superior del envoltorio con agua para sellar el rollito.

e) Caliente el aceite en una freidora o sartén a 350 °F (175 °C).

f) Freír los rollitos en tandas hasta que estén dorados y crujientes, aproximadamente de 3 a 4 minutos por tanda.

g) Retirar del aceite y escurrir sobre toallas de papel. Sirva caliente con salsa de tomate y mostaza para mojar.

30. Rollitos de huevo con pollo teriyaki

INGREDIENTES:
- 1 taza de pollo cocido, desmenuzado
- 1/4 taza de salsa teriyaki
- 1/4 taza de piña picada
- 1/4 taza de zanahorias ralladas
- 2 cucharadas de cebollas verdes picadas
- Sal y pimienta para probar
- Envoltorios de rollitos de huevo
- Aceite para freír

INSTRUCCIONES:
a) En un tazón, mezcle el pollo desmenuzado, la salsa teriyaki, la piña cortada en cubitos, las zanahorias ralladas, las cebollas verdes picadas, la sal y la pimienta hasta que estén bien combinados.

b) Coloque una cucharada de la mezcla de pollo teriyaki en el centro de cada envoltorio de rollo de huevo.

c) Dobla la esquina inferior del envoltorio sobre el relleno, luego dobla los lados y enrolla bien.

d) Humedece la esquina superior del envoltorio con agua para sellar el rollito.

e) Caliente el aceite en una freidora o sartén a 350 °F (175 °C).

f) Freír los rollitos en tandas hasta que estén dorados y crujientes, aproximadamente de 3 a 4 minutos por tanda.

g) Retirar del aceite y escurrir sobre toallas de papel. Sirva caliente con salsa teriyaki extra para mojar.

31. Rollitos de primavera de ostras

INGREDIENTES:
- 3 envoltorios grandes de rollitos de primavera
- 6 castañas de agua, finamente picadas
- 1 rodaja de jengibre, finamente picado
- 3 cebolletas, finamente picadas (incluidas las puntas verdes)
- Unas gotas de aceite de sésamo
- 1 cucharadita de salsa de soja ligera
- 24 ostras, sacadas de sus conchas
- Aceite vegetal

INSTRUCCIONES:
a) Corta cada envoltorio de rollito de primavera en cuartos.
b) En un tazón, combine las castañas de agua finamente picadas, el jengibre y las cebolletas. Añade unas gotas de aceite de sésamo y la salsa de soja light. Mezclar bien.
c) Incorpora suavemente las ostras, asegurándote de que estén bien cubiertas con los condimentos.
d) Divida la mezcla de ostras de manera uniforme entre los cuadrados de rollitos de primavera.
e) Enrolle con cuidado cada rollito de primavera, doblando los lados para encerrar el relleno. Cepille los bordes de los envoltorios con agua para sellarlos.
f) En una sartén u olla honda calentar abundante aceite vegetal para freír.

g) Freír los rollitos de primavera en aceite caliente durante 2-3 minutos o hasta que estén dorados y crujientes.
h) Retirar los rollitos de primavera del aceite y escurrirlos sobre papel de cocina arrugado para quitar el exceso de aceite.
i) Sirve los rollitos de primavera de ostras inmediatamente.
j) ¡Disfruta de tus deliciosos rollitos de primavera de ostras!

32. Rollitos de huevo con cerdo BBQ hawaiano

INGREDIENTES:
- 1 taza de carne de cerdo cocida desmenuzada, preferiblemente sazonada con salsa BBQ
- 1/2 taza de piña picada
- 1/4 taza de pimiento rojo picado
- 2 cucharadas de cebolla morada picada
- 1/4 taza de queso mozzarella rallado
- 1/4 taza de salsa BBQ
- Sal y pimienta para probar
- Envoltorios de rollitos de huevo
- Aceite para freír

INSTRUCCIONES:
a) En un tazón, combine la carne de cerdo desmenuzada, la piña picada, el pimiento rojo picado, la cebolla morada picada, el queso mozzarella rallado, la salsa BBQ, la sal y la pimienta.

b) Coloque una cucharada de la mezcla de cerdo BBQ hawaiana en el centro de cada envoltorio de rollo de huevo.

c) Dobla la esquina inferior del envoltorio sobre el relleno, luego dobla los lados y enrolla bien.

d) Humedece la esquina superior del envoltorio con agua para sellar el rollito.

e) Caliente el aceite en una freidora o sartén a 350 °F (175 °C).

f) Freír los rollitos en tandas hasta que estén dorados y crujientes, aproximadamente de 3 a 4 minutos por tanda.

g) Retirar del aceite y escurrir sobre toallas de papel. Sirva caliente con salsa BBQ adicional para mojar.

33. Rollitos de huevo de coliflor y búfalo

INGREDIENTES:
- 2 tazas de floretes de coliflor
- 1/4 taza de salsa búfalo
- 2 cucharadas de mantequilla derretida
- 1/4 taza de queso azul desmenuzado
- 1/4 taza de cebollas verdes picadas
- Sal y pimienta para probar
- Envoltorios de rollitos de huevo
- Aceite para freír

INSTRUCCIONES:
a) Precalienta el horno a 425°F (220°C). Cubra una bandeja para hornear con papel pergamino.
b) En un tazón, mezcle los floretes de coliflor con la salsa búfalo, la mantequilla derretida, la sal y la pimienta hasta que estén cubiertos uniformemente.
c) Extienda la coliflor en una sola capa sobre la bandeja para hornear preparada y ase en el horno precalentado durante 20-25 minutos, o hasta que esté tierna y ligeramente dorada.
d) Una vez asada, transfiera la coliflor a un bol y tritúrela suavemente con un tenedor o un machacador de papas, dejando algunos trozos intactos.
e) Agregue el queso azul desmenuzado y las cebollas verdes picadas.
f) Coloque una cucharada de la mezcla de coliflor búfala en el centro de cada envoltorio de rollo de huevo.
g) Dobla la esquina inferior del envoltorio sobre el relleno, luego dobla los lados y enrolla bien.

h) Humedece la esquina superior del envoltorio con agua para sellar el rollito.
i) Caliente el aceite en una freidora o sartén a 350 °F (175 °C).
j) Freír los rollitos en tandas hasta que estén dorados y crujientes, aproximadamente de 3 a 4 minutos por tanda.
k) Retirar del aceite y escurrir sobre toallas de papel. Sirva caliente con aderezo ranch o de queso azul para mojar.

34. Rollitos de huevo con cangrejo y Rangún

INGREDIENTES:
- 1 taza de carne de cangrejo cocida, desmenuzada
- 4 onzas de queso crema, ablandado
- 2 cebollas verdes, en rodajas finas
- 1 diente de ajo, picado
- 1 cucharadita de salsa inglesa
- Sal y pimienta para probar
- Envoltorios de rollitos de huevo
- Aceite para freír

INSTRUCCIONES:
a) En un tazón, combine la carne de cangrejo desmenuzada, el queso crema ablandado, las cebollas verdes en rodajas, el ajo picado, la salsa inglesa, la sal y la pimienta hasta que estén bien mezclados.

b) Coloque una cucharada de la mezcla de cangrejo Rangún en el centro de cada envoltorio de rollo de huevo.

c) Dobla la esquina inferior del envoltorio sobre el relleno, luego dobla los lados y enrolla bien.

d) Humedece la esquina superior del envoltorio con agua para sellar el rollito.

e) Caliente el aceite en una freidora o sartén a 350 °F (175 °C).

f) Freír los rollitos en tandas hasta que estén dorados y crujientes, aproximadamente de 3 a 4 minutos por tanda.

g) Retirar del aceite y escurrir sobre toallas de papel. Sirva caliente con salsa agridulce o salsa de ciruelas para mojar.

35. Rollitos de huevo con tarta de manzana

INGREDIENTES:

- 2 tazas de manzanas cortadas en cubitos (como Granny Smith)
- 2 cucharadas de azúcar granulada
- 1 cucharadita de canela molida
- 1/4 cucharadita de nuez moscada molida
- 1/4 taza de salsa de caramelo
- Envoltorios de rollitos de huevo
- Aceite para freír
- Azúcar en polvo para espolvorear (opcional)

INSTRUCCIONES:

a) En un tazón, mezcle las manzanas cortadas en cubitos con azúcar granulada, canela molida y nuez moscada molida hasta que estén cubiertas uniformemente.

b) Calienta una sartén a fuego medio y agrega la mezcla de manzana. Cocine durante 5 a 7 minutos, revolviendo ocasionalmente, hasta que las manzanas se ablanden.

c) Retire la sartén del fuego y deje que las manzanas se enfríen un poco.

d) Coloque una cucharada de la mezcla de manzana cocida en el centro de cada envoltorio de rollo de huevo. Rocíe un poco de salsa de caramelo sobre las manzanas.

e) Dobla la esquina inferior del envoltorio sobre el relleno, luego dobla los lados y enrolla bien.

f) Humedece la esquina superior del envoltorio con agua para sellar el rollito.

g) Caliente el aceite en una freidora o sartén a 350 °F (175 °C).

h) Freír los rollitos en tandas hasta que estén dorados y crujientes, aproximadamente de 3 a 4 minutos por tanda.

i) Retirar del aceite y escurrir sobre toallas de papel. Si lo desea, espolvoree con azúcar en polvo antes de servir.

36. Rollitos de huevo con pollo teriyaki

INGREDIENTES:
- 1 taza de pollo desmenuzado cocido
- 1/4 taza de salsa teriyaki
- 1 taza de repollo rallado
- 1/2 taza de zanahorias ralladas
- 2 cebollas verdes, en rodajas finas
- 1 cucharadita de aceite de sésamo
- Sal y pimienta para probar
- Envoltorios de rollitos de huevo
- Aceite para freír

INSTRUCCIONES:
a) En un tazón, mezcle el pollo desmenuzado y la salsa teriyaki hasta que esté bien cubierto.
b) Agregue el repollo rallado, las zanahorias ralladas, las cebollas verdes en rodajas, el aceite de sésamo, la sal y la pimienta. Mezclar hasta que se combinen.
c) Coloque una cucharada de la mezcla de pollo teriyaki en el centro de cada envoltorio de rollo de huevo.
d) Dobla la esquina inferior del envoltorio sobre el relleno, luego dobla los lados y enrolla bien.
e) Humedece la esquina superior del envoltorio con agua para sellar el rollito.
f) Caliente el aceite en una freidora o sartén a 350 °F (175 °C).
g) Freír los rollitos en tandas hasta que estén dorados y crujientes, aproximadamente de 3 a 4 minutos por tanda.

h) Retirar del aceite y escurrir sobre toallas de papel. Sirva caliente con salsa teriyaki adicional para mojar.

37. Rollitos de huevo S'mores

INGREDIENTES:
- 4 galletas Graham, trituradas en migajas
- 1/2 taza de mini malvaviscos
- 1/4 taza de chispas de chocolate
- 8 envoltorios de rollitos de huevo
- Aceite para freír
- Azúcar en polvo (opcional, para espolvorear)
- Salsa de chocolate (opcional, para mojar)

INSTRUCCIONES:

a) En un tazón, mezcle las migas de galletas Graham, los mini malvaviscos y las chispas de chocolate hasta que estén bien combinados.

b) Coloque una cucharada de la mezcla de s'mores en el centro de cada envoltorio de rollito de huevo.

c) Dobla la esquina inferior del envoltorio sobre el relleno, luego dobla los lados y enrolla bien.

d) Humedece la esquina superior del envoltorio con agua para sellar el rollito.

e) Caliente el aceite en una freidora o sartén a 350 °F (175 °C).

f) Freír los rollitos en tandas hasta que estén dorados y crujientes, aproximadamente de 3 a 4 minutos por tanda.

g) Retirar del aceite y escurrir sobre toallas de papel. Si lo desea, espolvoree con azúcar en polvo antes de servir. Sirva caliente con salsa de chocolate para mojar.

38. Rollitos De Pollo Caprese

INGREDIENTES:
- 1 taza de pollo desmenuzado cocido
- 1/2 taza de tomates cortados en cubitos
- 1/4 taza de albahaca fresca picada
- 1/4 taza de queso mozzarella rallado
- 2 cucharadas de glaseado balsámico
- Sal y pimienta para probar
- Envoltorios de rollitos de huevo
- Aceite para freír

INSTRUCCIONES:
a) En un tazón, combine el pollo desmenuzado, los tomates cortados en cubitos, la albahaca picada, el queso mozzarella rallado, el glaseado balsámico, la sal y la pimienta.

b) Coloque una cucharada de la mezcla de pollo caprese en el centro de cada envoltorio de rollo de huevo.

c) Dobla la esquina inferior del envoltorio sobre el relleno, luego dobla los lados y enrolla bien.

d) Humedece la esquina superior del envoltorio con agua para sellar el rollito.

e) Caliente el aceite en una freidora o sartén a 350 °F (175 °C).

f) Freír los rollitos en tandas hasta que estén dorados y crujientes, aproximadamente de 3 a 4 minutos por tanda.

g) Retirar del aceite y escurrir sobre toallas de papel. Sirva caliente con glaseado balsámico adicional para mojar.

39. Rollitos de huevo griego con pollo y gyro

INGREDIENTES:
- 1 taza de pollo desmenuzado cocido
- 1/2 taza de pepino cortado en cubitos
- 1/4 taza de tomates cortados en cubitos
- 1/4 taza de queso feta desmenuzado
- 2 cucharadas de aceitunas kalamata picadas
- 2 cucharadas de salsa tzatziki
- Sal y pimienta para probar
- Envoltorios de rollitos de huevo
- Aceite para freír

INSTRUCCIONES:
a) En un tazón, mezcle el pollo desmenuzado, el pepino cortado en cubitos, los tomates cortados en cubitos, el queso feta desmenuzado, las aceitunas kalamata picadas, la salsa tzatziki, la sal y la pimienta hasta que estén bien combinados.

b) Coloque una cucharada de la mezcla de gyro de pollo griego en el centro de cada envoltorio de rollo de huevo.

c) Dobla la esquina inferior del envoltorio sobre el relleno, luego dobla los lados y enrolla bien.

d) Humedece la esquina superior del envoltorio con agua para sellar el rollito.

e) Caliente el aceite en una freidora o sartén a 350 °F (175 °C).

f) Freír los rollitos en tandas hasta que estén dorados y crujientes, aproximadamente de 3 a 4 minutos por tanda.

g) Retirar del aceite y escurrir sobre toallas de papel. Sirva caliente con salsa tzatziki adicional para mojar.

40. Rollitos de huevo con pollo teriyaki

INGREDIENTES:
- 1 taza de pollo desmenuzado cocido
- 1/4 taza de salsa teriyaki
- 1/2 taza de repollo rallado
- 1/4 taza de zanahorias ralladas
- 2 cucharadas de cebollas verdes picadas
- 1 cucharada de semillas de sésamo
- Envoltorios de rollitos de huevo
- Aceite para freír

INSTRUCCIONES:
a) En un tazón, mezcle el pollo desmenuzado y la salsa teriyaki hasta que estén bien combinados.
b) Agregue el repollo rallado, las zanahorias ralladas, las cebollas verdes picadas y las semillas de sésamo al tazón y revuelva para combinar.
c) Coloque una cucharada de la mezcla de pollo y verduras en el centro de cada envoltorio de rollo de huevo.
d) Dobla la esquina inferior del envoltorio sobre el relleno, luego dobla los lados y enrolla bien.
e) Humedece la esquina superior del envoltorio con agua para sellar el rollito.
f) Caliente el aceite en una freidora o sartén a 350 °F (175 °C).
g) Freír los rollitos en tandas hasta que estén dorados y crujientes, aproximadamente de 3 a 4 minutos por tanda.

h) Retirar del aceite y escurrir sobre toallas de papel. Sirva caliente con salsa teriyaki extra para mojar.

41. Rollitos de huevo con mango y aguacate

INGREDIENTES:
- 1 mango maduro, cortado en cubitos
- 1 aguacate maduro, cortado en cubitos
- 1/4 taza de pimiento rojo picado
- 2 cucharadas de cilantro picado
- 1 cucharada de jugo de lima
- Sal y pimienta para probar
- Envoltorios de rollitos de huevo
- Aceite para freír

INSTRUCCIONES:

a) En un tazón, combine el mango cortado en cubitos, el aguacate cortado en cubitos, el pimiento rojo cortado en cubitos, el cilantro picado, el jugo de limón, la sal y la pimienta.

b) Coloque una cucharada de la mezcla de mango y aguacate en el centro de cada envoltorio de rollo de huevo.

c) Dobla la esquina inferior del envoltorio sobre el relleno, luego dobla los lados y enrolla bien.

d) Humedece la esquina superior del envoltorio con agua para sellar el rollito.

e) Caliente el aceite en una freidora o sartén a 350 °F (175 °C).

f) Freír los rollitos en tandas hasta que estén dorados y crujientes, aproximadamente de 3 a 4 minutos por tanda.

g) Retirar del aceite y escurrir sobre toallas de papel. Sirva caliente con salsa de chile dulce o salsa de mango para mojar.

42. Rollitos De Pollo Caprese

INGREDIENTES:
- 1 taza de pollo desmenuzado cocido
- 1/2 taza de tomates cortados en cubitos
- 1/4 taza de albahaca fresca picada
- 1/4 taza de queso mozzarella rallado
- 2 cucharadas de glaseado balsámico
- Sal y pimienta para probar
- Envoltorios de rollitos de huevo
- Aceite para freír

INSTRUCCIONES:
a) En un tazón, mezcle el pollo desmenuzado, los tomates cortados en cubitos, la albahaca fresca picada, el queso mozzarella rallado, el glaseado balsámico, la sal y la pimienta hasta que estén bien combinados.

b) Coloque una cucharada de la mezcla de pollo en el centro de cada envoltorio de rollo de huevo.

c) Dobla la esquina inferior del envoltorio sobre el relleno, luego dobla los lados y enrolla bien.

d) Humedece la esquina superior del envoltorio con agua para sellar el rollito.

e) Caliente el aceite en una freidora o sartén a 350 °F (175 °C).

f) Freír los rollitos en tandas hasta que estén dorados y crujientes, aproximadamente de 3 a 4 minutos por tanda.

g) Retirar del aceite y escurrir sobre toallas de papel. Sirva caliente con glaseado balsámico adicional para mojar.

43. Rollitos de huevo con ensalada de col y cerdo desmenuzado

INGREDIENTES:
- 1 taza de cerdo desmenuzado cocido
- 1/2 taza de mezcla de ensalada de col
- 2 cucharadas de salsa BBQ
- 1 cucharada de mayonesa
- Sal y pimienta para probar
- Envoltorios de rollitos de huevo
- Aceite para freír

INSTRUCCIONES:
a) En un tazón, mezcle la carne de cerdo desmenuzada, la mezcla de ensalada de col, la salsa BBQ, la mayonesa, la sal y la pimienta hasta que estén bien combinados.
b) Coloque una cucharada de la mezcla de carne de cerdo desmenuzada en el centro de cada envoltorio de rollo de huevo.
c) Dobla la esquina inferior del envoltorio sobre el relleno, luego dobla los lados y enrolla bien.
d) Humedece la esquina superior del envoltorio con agua para sellar el rollito.
e) Caliente el aceite en una freidora o sartén a 350 °F (175 °C).
f) Freír los rollitos en tandas hasta que estén dorados y crujientes, aproximadamente de 3 a 4 minutos por tanda.
g) Retirar del aceite y escurrir sobre toallas de papel. Sirva caliente con salsa BBQ extra o aderezo ranch para mojar.

44. Rollitos De Huevo Con Hamburguesa Con Queso

INGREDIENTES:
- 1/2 libra de carne molida
- 1/4 taza de cebolla picada
- 1/4 taza de tomate cortado en cubitos
- 1/4 taza de pepinillos en cubitos
- 1/2 taza de queso cheddar rallado
- 2 cucharadas de salsa de tomate
- 1 cucharada de mostaza
- Sal y pimienta para probar
- Envoltorios de rollitos de huevo
- Aceite para freír

INSTRUCCIONES:
a) En una sartén, dore la carne molida a fuego medio. Agregue la cebolla picada y cocine hasta que esté transparente.

b) Escurre el exceso de grasa de la sartén y transfiere la mezcla de carne a un bol. Déjalo enfriar un poco.

c) Agregue el tomate cortado en cubitos, los pepinillos encurtidos, el queso cheddar rallado, la salsa de tomate, la mostaza, la sal y la pimienta al tazón con la mezcla de carne. Mezclar hasta que esté bien combinado.

d) Coloque una cucharada de la mezcla de hamburguesa con queso en el centro de cada envoltorio de rollo de huevo.

e) Dobla la esquina inferior del envoltorio sobre el relleno, luego dobla los lados y enrolla bien.

f) Humedece la esquina superior del envoltorio con agua para sellar el rollito.

g) Caliente el aceite en una freidora o sartén a 350 °F (175 °C).

h) Freír los rollitos en tandas hasta que estén dorados y crujientes, aproximadamente de 3 a 4 minutos por tanda.

i) Retirar del aceite y escurrir sobre toallas de papel. Sirva caliente con salsa de tomate o mostaza adicional para mojar.

45. Rollitos de huevo vegetarianos con salsa de chile dulce

INGREDIENTES:
- 1 taza de repollo rallado
- 1/2 taza de zanahorias ralladas
- 1/4 taza de champiñones rebanados
- 1/4 taza de brotes de bambú rebanados
- 2 cucharadas de salsa de soja
- 1 cucharada de aceite de sésamo
- 1 cucharada de jengibre picado
- Sal y pimienta para probar
- Envoltorios de rollitos de huevo
- Aceite para freír
- Salsa de chile dulce para mojar

INSTRUCCIONES:
a) En una sartén, calienta el aceite de sésamo a fuego medio. Agregue el jengibre picado y saltee hasta que esté fragante.

b) Agregue repollo rallado, zanahorias ralladas, champiñones en rodajas y brotes de bambú en rodajas a la sartén. Cocine hasta que las verduras estén tiernas.

c) Sazone con salsa de soja, sal y pimienta. Revuelva bien para combinar.

d) Coloque una cucharada de la mezcla de verduras en el centro de cada envoltorio de rollo de huevo.

e) Dobla la esquina inferior del envoltorio sobre el relleno, luego dobla los lados y enrolla bien.

f) Humedece la esquina superior del envoltorio con agua para sellar el rollito.

g) Caliente el aceite en una freidora o sartén a 350 °F (175 °C).

h) Freír los rollitos en tandas hasta que estén dorados y crujientes, aproximadamente de 3 a 4 minutos por tanda.

i) Retirar del aceite y escurrir sobre toallas de papel. Sirva caliente con salsa de chile dulce para mojar.

46. Rollitos de huevo Philly Cheesesteak

INGREDIENTES:
- 1/2 libra de bistec en rodajas finas
- 1/2 taza de pimientos morrones rebanados
- 1/2 taza de cebollas rebanadas
- 1/2 taza de queso provolone rallado
- Sal y pimienta para probar
- Envoltorios de rollitos de huevo
- Aceite para freír

INSTRUCCIONES:
a) En una sartén, cocine el filete en rodajas finas hasta que se dore. Agregue los pimientos morrones y las cebollas en rodajas y cocine hasta que las verduras estén tiernas.

b) Sazone con sal y pimienta al gusto. Retirar del fuego y dejar enfriar un poco.

c) Coloque una cucharada de la mezcla de carne y verduras en el centro de cada envoltorio de rollo de huevo.

d) Espolvorea queso provolone rallado encima de la mezcla.

e) Dobla la esquina inferior del envoltorio sobre el relleno, luego dobla los lados y enrolla bien.

f) Humedece la esquina superior del envoltorio con agua para sellar el rollito.

g) Caliente el aceite en una freidora o sartén a 350 °F (175 °C).

h) Freír los rollitos en tandas hasta que estén dorados y crujientes, aproximadamente de 3 a 4 minutos por tanda.

i) Retirar del aceite y escurrir sobre toallas de papel. Sirva caliente con salsa de tomate o salsa de queso para mojar.

47. Rollitos de huevo con jalapeño y popper

INGREDIENTES:
- 4 onzas de queso crema, ablandado
- 1/4 taza de jalapeños cortados en cubitos (sin semillas para calentar menos)
- 1/4 taza de tocino cocido desmenuzado
- 1/4 taza de queso cheddar rallado
- Sal y pimienta para probar
- Envoltorios de rollitos de huevo
- Aceite para freír

INSTRUCCIONES:
a) En un tazón, mezcle el queso crema ablandado, los jalapeños cortados en cubitos, el tocino cocido desmenuzado, el queso cheddar rallado, la sal y la pimienta hasta que estén bien combinados.

b) Coloque una cucharada de la mezcla de jalapeños en el centro de cada envoltorio de rollito de huevo.

c) Dobla la esquina inferior del envoltorio sobre el relleno, luego dobla los lados y enrolla bien.

d) Humedece la esquina superior del envoltorio con agua para sellar el rollito.

e) Caliente el aceite en una freidora o sartén a 350 °F (175 °C).

f) Freír los rollitos en tandas hasta que estén dorados y crujientes, aproximadamente de 3 a 4 minutos por tanda.

g) Retirar del aceite y escurrir sobre toallas de papel. Sirva caliente con aderezo ranch o salsa para mojar.

ROLLOS DE PASTELERÍA

48. Rollitos de huevo filo y vegetales

INGREDIENTES:
- 1 tallo de apio, cortado en juliana fina
- 2 tallos de repollo bok choy, cortados en juliana fina
- ¼ Cebolla morada, mediana, cortada en juliana fina
- 4 tirabeques, cortados en juliana fina
- 2 Cebolletas, cortadas en juliana fina
- ¾ taza de repollo verde, rallado
- 2 cucharadas de pimiento rojo, picado
- 1 cucharada de salsa de soja reducida en sodio
- 2 cucharaditas de jerez
- 1 cucharadita de vinagre de vino de arroz
- 1 cucharadita de vino de ciruela
- ¼ cucharadita de pimienta de Cayena
- ¼ cucharadita de cilantro molido
- 2 cucharadas de aceite vegetal
- 1 cucharadita de raíz de jengibre, rallada fresca
- ½ cucharadita de ajo picado
- 2 cucharadas de cilantro, fresco picado o perejil
- ¼ taza de brotes de frijol
- 1 cucharadita de aceite de sésamo oscuro
- 6 láminas de masa filo
- spray de aceite vegetal

INSTRUCCIONES:
a) Combine el aceite con las verduras excepto los brotes de soja. En un tazón pequeño, combine los condimentos líquidos, la pimienta de cayena y el cilantro.

b) Calienta el aceite en un wok o sartén grande a fuego alto. Agrega el jengibre y el ajo y sofríe, revolviendo constantemente, durante 30 segundos o hasta que esté fragante. Agrega las verduras y sofríe durante 2 minutos o hasta que estén ligeramente cocidas pero aún crujientes. Agrega los líquidos y sofríe durante 1 minuto.
c) Retire del fuego y agregue el cilantro, los brotes de soja y el aceite de sésamo. Dejar de lado.
d) Precalienta el horno a 375 grados. Separe con cuidado una hoja de masa filo y coloque aproximadamente ¾ de taza del relleno de verduras en el centro de uno de los extremos más cortos del rectángulo. Doble los lados alrededor del relleno para encerrarlo y luego enrolle el filo en un rollo de huevo. Colóquelo en una bandeja para hornear con la unión hacia abajo.
e) Rocía ligeramente los rollitos con aceite vegetal en spray y Merluza durante 10 a 12 minutos en el centro del horno o hasta que los rollitos estén dorados.

49. Rollitos de huevo con espinacas y queso feta filo

INGREDIENTES:
- 6 hojas de masa filo
- 1 taza de espinacas cocidas, picadas y escurridas
- 1 taza de queso feta desmenuzado
- 2 cucharadas de aceite de oliva
- Sal y pimienta para probar
- Mantequilla derretida para cepillar

INSTRUCCIONES:
a) Precalienta el horno a 375°F (190°C).
b) Coloque una hoja de masa filo sobre una superficie limpia y unte ligeramente con mantequilla derretida.
c) Coloque otra hoja de masa filo encima y unte con mantequilla derretida.
d) Repita hasta tener una pila de tres hojas.
e) Corta la pila en tres tiras iguales.
f) Coloque una cucharada de espinacas cocidas y queso feta desmenuzado en un extremo de cada tira.
g) Doble los lados de la tira sobre el relleno y enróllela bien para formar un rollo de huevo.
h) Coloque los rollitos de huevo en una bandeja para hornear forrada con papel pergamino.
i) Unte la parte superior de los rollitos con aceite de oliva y espolvoree con sal y pimienta.
j) Hornee en el horno precalentado durante 15-20 minutos, o hasta que estén dorados y crujientes.
k) ¡Sirve caliente y disfruta!

50. Rollitos de huevo filo de pollo y verduras

INGREDIENTES:
- 6 hojas de masa filo
- 1 taza de pollo cocido, desmenuzado
- 1 taza de vegetales mixtos (como zanahorias, repollo y pimientos morrones), finamente picados
- 2 cucharadas de salsa de soja
- 1 cucharada de aceite de sésamo
- Sal y pimienta para probar
- Mantequilla derretida para cepillar

INSTRUCCIONES:
a) Precalienta el horno a 375°F (190°C).
b) En una sartén, calienta el aceite de sésamo a fuego medio.
c) Agrega las verduras mixtas y cocina hasta que estén tiernas.
d) Agrega el pollo cocido, la salsa de soja, la sal y la pimienta. Cocine por otros 2-3 minutos.
e) Coloque una hoja de masa filo sobre una superficie limpia y unte ligeramente con mantequilla derretida.
f) Coloque otra hoja de masa filo encima y unte con mantequilla derretida.
g) Repita hasta tener una pila de tres hojas.
h) Corta la pila en tres tiras iguales.
i) Coloca una cucharada de la mezcla de pollo y verduras en un extremo de cada tira.
j) Doble los lados de la tira sobre el relleno y enróllela bien para formar un rollo de huevo.

k) Coloque los rollitos de huevo en una bandeja para hornear forrada con papel pergamino.
l) Unte la parte superior de los rollitos con aceite de oliva.
m) Hornee en el horno precalentado durante 15-20 minutos, o hasta que estén dorados y crujientes.
n) ¡Sirve caliente con tu salsa favorita y disfruta!

51. Rollitos de huevo filo dulces con manzana y canela

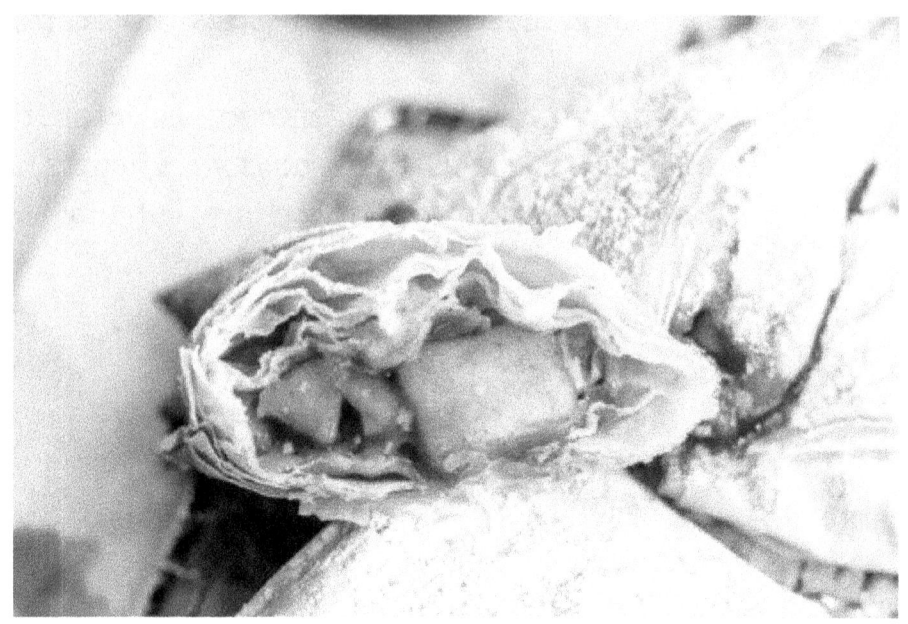

INGREDIENTES:
- 6 hojas de masa filo
- 2 manzanas, peladas, sin corazón y cortadas en rodajas finas
- 2 cucharadas de azúcar moreno
- 1 cucharadita de canela molida
- 2 cucharadas de mantequilla derretida
- Azúcar en polvo para espolvorear (opcional)
- Helado de vainilla para servir (opcional)

INSTRUCCIONES:
a) Precalienta el horno a 375°F (190°C).
b) En un tazón, mezcle las manzanas en rodajas con el azúcar morena y la canela molida hasta que estén cubiertas uniformemente.
c) Coloque una hoja de masa filo sobre una superficie limpia y unte ligeramente con mantequilla derretida.
d) Coloque otra hoja de masa filo encima y unte con mantequilla derretida.
e) Repita hasta tener una pila de tres hojas.
f) Corta la pila en tres tiras iguales.
g) Coloque unas rodajas de mezcla de manzana en un extremo de cada tira.
h) Doble los lados de la tira sobre el relleno y enróllela bien para formar un rollo de huevo.
i) Coloque los rollitos de huevo en una bandeja para hornear forrada con papel pergamino.
j) Unte la parte superior de los rollitos con mantequilla derretida.

k) Hornee en el horno precalentado durante 15-20 minutos, o hasta que estén dorados y crujientes.
l) Sirva caliente, espolvoreado con azúcar en polvo si lo desea y con una bola de helado de vainilla a un lado.

52. Rollitos de huevo filo con camarones y aguacate

INGREDIENTES:
- 6 hojas de masa filo
- 1 taza de camarones cocidos, picados
- 1 aguacate maduro, cortado en cubitos
- 1/4 taza de cebolla morada, finamente picada
- 2 cucharadas de cilantro, picado
- Zumo de 1 lima
- Sal y pimienta para probar
- Mantequilla derretida para cepillar

INSTRUCCIONES:
a) Precalienta el horno a 375°F (190°C).
b) En un tazón, combine los camarones picados, el aguacate cortado en cubitos, la cebolla morada, el cilantro, el jugo de limón, la sal y la pimienta. Mezclar bien.
c) Coloque una hoja de masa filo sobre una superficie limpia y unte ligeramente con mantequilla derretida.
d) Coloque otra hoja de masa filo encima y unte con mantequilla derretida.
e) Repita hasta tener una pila de tres hojas.
f) Corta la pila en tres tiras iguales.
g) Coloca una cucharada de la mezcla de camarones y aguacate en un extremo de cada tira.
h) Doble los lados de la tira sobre el relleno y enróllela bien para formar un rollo de huevo.
i) Coloque los rollitos de huevo en una bandeja para hornear forrada con papel pergamino.

j) Unte la parte superior de los rollitos con mantequilla derretida.
k) Hornee en el horno precalentado durante 15-20 minutos, o hasta que estén dorados y crujientes.
l) ¡Sirve caliente con tu salsa favorita y disfruta!

53. Rollitos de huevo filo de verduras y queso de cabra

INGREDIENTES:
- 6 hojas de masa filo
- 1 taza de vegetales mixtos (como pimientos morrones, calabacines y champiñones), finamente picados
- 1/2 taza de queso de cabra desmenuzado
- 2 cucharadas de aceite de oliva
- Sal y pimienta para probar
- Mantequilla derretida para cepillar

INSTRUCCIONES:
a) Precalienta el horno a 375°F (190°C).
b) En una sartén, calienta el aceite de oliva a fuego medio.
c) Agrega las verduras mixtas a la sartén y cocina hasta que estén tiernas.
d) Sazone con sal y pimienta al gusto.
e) Coloque una hoja de masa filo sobre una superficie limpia y unte ligeramente con mantequilla derretida.
f) Coloque otra hoja de masa filo encima y unte con mantequilla derretida.
g) Repita hasta tener una pila de tres hojas.
h) Corta la pila en tres tiras iguales.
i) Coloque una cucharada de la mezcla de verduras cocidas y queso de cabra desmenuzado en un extremo de cada tira.
j) Doble los lados de la tira sobre el relleno y enróllela bien para formar un rollo de huevo.

k) Coloque los rollitos de huevo en una bandeja para hornear forrada con papel pergamino.
l) Unte la parte superior de los rollitos con mantequilla derretida.
m) Hornee en el horno precalentado durante 15-20 minutos, o hasta que estén dorados y crujientes.
n) Sirva caliente con una guarnición de salsa marinara para mojar.

54. Rollitos de huevo filo de chocolate y frambuesa

INGREDIENTES:
- 6 hojas de masa filo
- 1 taza de frambuesas frescas
- 1/2 taza de chispas de chocolate
- 2 cucharadas de azúcar en polvo
- Mantequilla derretida para cepillar

INSTRUCCIONES:
a) Precalienta el horno a 375°F (190°C).
b) Coloque una hoja de masa filo sobre una superficie limpia y unte ligeramente con mantequilla derretida.
c) Coloque otra hoja de masa filo encima y unte con mantequilla derretida.
d) Repita hasta tener una pila de tres hojas.
e) Corta la pila en tres tiras iguales.
f) Coloque algunas frambuesas y chispas de chocolate en un extremo de cada tira.
g) Doble los lados de la tira sobre el relleno y enróllela bien para formar un rollo de huevo.
h) Coloque los rollitos de huevo en una bandeja para hornear forrada con papel pergamino.
i) Unte la parte superior de los rollitos con mantequilla derretida.
j) Hornee en el horno precalentado durante 15-20 minutos, o hasta que estén dorados y crujientes.
k) Espolvoree azúcar en polvo sobre los rollitos antes de servir.
l) Sirva caliente con una bola de helado de vainilla a un lado para mojar.

55.Rollitos de huevo filo mediterráneos

INGREDIENTES:
- 6 hojas de masa filo
- 1 taza de quinua cocida
- 1/2 taza de pimientos rojos asados picados
- 1/4 taza de aceitunas Kalamata picadas
- 1/4 taza de queso feta desmenuzado
- 2 cucharadas de perejil fresco picado
- 1 cucharada de jugo de limón
- Sal y pimienta para probar
- Mantequilla derretida para cepillar

INSTRUCCIONES:
a) Precalienta el horno a 375°F (190°C).
b) En un tazón, combine la quinua cocida, los pimientos rojos asados picados, las aceitunas Kalamata picadas, el queso feta desmenuzado, el perejil fresco picado, el jugo de limón, la sal y la pimienta. Mezclar bien.
c) Coloque una hoja de masa filo sobre una superficie limpia y unte ligeramente con mantequilla derretida.
d) Coloque otra hoja de masa filo encima y unte con mantequilla derretida.
e) Repita hasta tener una pila de tres hojas.
f) Corta la pila en tres tiras iguales.
g) Coloca una cucharada de la mezcla de quinua en un extremo de cada tira.
h) Doble los lados de la tira sobre el relleno y enróllela bien para formar un rollo de huevo.
i) Coloque los rollitos de huevo en una bandeja para hornear forrada con papel pergamino.

j) Unte la parte superior de los rollitos con mantequilla derretida.
k) Hornee en el horno precalentado durante 15-20 minutos, o hasta que estén dorados y crujientes.
l) Sirva caliente con salsa tzatziki o hummus para mojar.

56. Rollitos De Huevo Filo Mexicanos

INGREDIENTES:
- 6 hojas de masa filo
- 1 taza de frijoles negros cocidos
- 1 taza de granos de elote cocidos
- 1/2 taza de tomates cortados en cubitos
- 1/4 taza de cilantro picado
- 1/4 taza de queso cheddar rallado
- 1 cucharadita de comino molido
- Sal y pimienta para probar
- Mantequilla derretida para cepillar

INSTRUCCIONES:
a) Precalienta el horno a 375°F (190°C).
b) En un tazón, combine los frijoles negros cocidos, los granos de maíz cocidos, los tomates cortados en cubitos, el cilantro picado, el queso cheddar rallado, el comino molido, la sal y la pimienta. Mezclar bien.
c) Coloque una hoja de masa filo sobre una superficie limpia y unte ligeramente con mantequilla derretida.
d) Coloque otra hoja de masa filo encima y unte con mantequilla derretida.
e) Repita hasta tener una pila de tres hojas.
f) Corta la pila en tres tiras iguales.
g) Coloca una cucharada de la mezcla de frijoles en un extremo de cada tira.
h) Doble los lados de la tira sobre el relleno y enróllela bien para formar un rollo de huevo.
i) Coloque los rollitos de huevo en una bandeja para hornear forrada con papel pergamino.

j) Unte la parte superior de los rollitos con mantequilla derretida.
k) Hornee en el horno precalentado durante 15-20 minutos, o hasta que estén dorados y crujientes.
l) Sirva caliente con salsa o guacamole para mojar.

57. Rollitos de huevo filo con fresas y queso crema

INGREDIENTES:
- 6 hojas de masa filo
- 1 taza de fresas en rodajas
- 4 onzas de queso crema, ablandado
- 2 cucharadas de azúcar en polvo
- 1 cucharadita de extracto de vainilla
- Mantequilla derretida para cepillar

INSTRUCCIONES:
a) Precalienta el horno a 375°F (190°C).
b) En un tazón, mezcle el queso crema ablandado, el azúcar en polvo y el extracto de vainilla hasta que quede suave.
c) Coloque una hoja de masa filo sobre una superficie limpia y unte ligeramente con mantequilla derretida.
d) Coloque otra hoja de masa filo encima y unte con mantequilla derretida.
e) Repita hasta tener una pila de tres hojas.
f) Corta la pila en tres tiras iguales.
g) Coloca una cucharada de la mezcla de queso crema en un extremo de cada tira.
h) Coloque las fresas en rodajas encima de la mezcla de queso crema.
i) Doble los lados de la tira sobre el relleno y enróllala bien para formar un rollo de huevo.
j) Coloque los rollitos de huevo en una bandeja para hornear forrada con papel pergamino.
k) Unte la parte superior de los rollitos con mantequilla derretida.

l) Hornee en el horno precalentado durante 15-20 minutos, o hasta que estén dorados y crujientes.
m) Servir caliente con una pizca de azúcar glass encima.

ROLLOS DE PAPEL DE ARROZ

58. Rollitos de primavera de mango

INGREDIENTES:
- 2 onzas de fideos de arroz finos
- 8 círculos de papel de arroz (8 ½ pulgadas de diámetro)
- 4 hojas grandes de lechuga, sin costillas y hojas cortadas por la mitad a lo largo
- 1 zanahoria grande, rallada
- 2 mangos, pelados y rebanados
- ½ taza de hojas de albahaca fresca
- ½ taza de hojas de menta fresca
- 4 onzas de brotes de soja frescos (1 taza)
- Vinagreta tailandesa picante

INSTRUCCIONES:
a) Comienza remojando los fideos de arroz en 2 tazas de agua tibia durante aproximadamente 15 minutos. Una vez remojadas las escurrimos y reservamos.

b) Luego, sumerja una hoja de papel de arroz en agua tibia, alrededor de 110 grados Fahrenheit, y luego transfiérala a una superficie de trabajo cubierta con un paño de cocina húmedo.

c) Espere unos 30 segundos o hasta que el envoltorio se vuelva flexible. Ahora, coloque una hoja de lechuga en los dos tercios inferiores del papel de arroz, asegurándose de dejar un borde de papel de 2 pulgadas en la parte inferior.

d) Coloque capas de 2 cucharadas de fideos, 1 cucharada de zanahorias ralladas, 2 rodajas de mango, 1 cucharada de albahaca y menta y 2 cucharadas de brotes de soja encima de la lechuga.

e) Dobla hacia arriba el borde inferior de 2 pulgadas del papel de arroz sobre el relleno y luego dóblalo hacia arriba nuevamente para encerrar el relleno. Continúe doblando el borde derecho y luego el borde izquierdo del envoltorio. Siga doblando hasta que se forme un cilindro apretado.

f) Transfiera el rollito de primavera terminado a una bandeja para servir y cúbralo con una toalla de papel húmeda para mantenerlo fresco.

g) Continúe rellenando y enrollando hasta que haya agotado todos los ingredientes .

h) Estos rollitos de primavera de mango se disfrutan mejor con la vinagreta tailandesa picante como salsa para acompañar.

59. Rollitos de primavera de manzana verde con salsa de caramelo

INGREDIENTES:

- 6 manzanas Granny Smith grandes (alrededor de 3 libras)
- ½ cucharadita de ralladura de lima fresca finamente rallada
- 2½ cucharadas de jugo de limón fresco
- 2 cucharadas de azúcar sin refinar (disponible en tiendas especializadas en alimentos)
- 12 envoltorios de rollitos de primavera (cuadrados de 7 u 8 pulgadas)
- ½ taza (1 barra) de mantequilla sin sal
- 1 huevo grande
- Helado de vainilla
- Dulce de leche
- Adorne (opcional)

INSTRUCCIONES:

a) Usando la hoja en juliana de ⅛ de pulgada de una mandolina u otra rebanadora manual, corte las manzanas sin pelar en tiras en juliana.
b) En un bol, mezcle las tiras de manzana en juliana con la ralladura de lima, el jugo de lima y el azúcar sin refinar. Escurre la mezcla en un colador durante 20 minutos.
c) Deje reposar los envoltorios de rollitos de primavera en su paquete a temperatura ambiente durante 5 minutos.
d) Derretir la mantequilla sin sal y, en un bol pequeño, batir ligeramente el huevo con un tenedor.

e) Retire un envoltorio de rollito de primavera del paquete y quítelo con cuidado, cubriendo el resto con un paño de cocina humedecido para evitar que se seque.
f) Sobre una superficie de trabajo, coloque el envoltorio de rollitos de primavera con una esquina apuntando hacia usted y úntelo ligeramente con un poco de mantequilla derretida, dejando la esquina superior seca.
g) Coloque aproximadamente $\frac{1}{4}$ de taza de manzana rallada en el envoltorio en una pila suelta de 6 pulgadas de largo desde las esquinas izquierda a derecha.
h) Gire la esquina inferior hacia arriba para cubrir el relleno y apriete suavemente el rollo presionándolo hacia usted.
i) Dobla las esquinas derecha e izquierda hacia el centro y enróllalo lo más apretado posible sin romper el envoltorio. Selle la esquina seca del rollito de primavera con un poco de huevo batido y cúbrala sin apretar con film transparente.
j) Repite el proceso para hacer 11 rollitos de primavera más. Los rollitos de primavera se pueden preparar hasta este punto y enfriar, tapados, hasta por 4 horas.
k) Precalienta el horno a 200 grados Fahrenheit para mantener calientes los rollitos de primavera.
l) En una cacerola de 2 cuartos, caliente el aceite a fuego moderado a 360 grados Fahrenheit en un

termómetro profundo. Freír los rollitos de primavera, 2 o 3 a la vez, volteándolos de vez en cuando, durante unos 5 minutos o hasta que estén dorados. Asegúrese de que el aceite regrese a 360 grados Fahrenheit entre lotes.

m) Con unas pinzas, transfiera los rollitos de primavera fritos a papel marrón o toallas de papel para escurrirlos y manténgalos calientes en una bandeja para hornear en el medio del horno.

n) Para servir, corte 2 rollitos de primavera por la mitad en diagonal y colóquelos, con las puntas hacia arriba, en un molde o taza pequeña sobre un plato. Repita con los rollitos de primavera restantes.

o) Agregue una bola de helado de vainilla al centro de cada molde o taza y rocíe con salsa de caramelo.

p) ¡Disfruta de tus Rollitos Primavera de Manzana Verde con Salsa de Caramelo!

60. Mixtas Con Salsa De Fresas

INGREDIENTES:
PARA LOS ROLLITOS DE PRIMAVERA DE FRUTAS:
- 1 taza de fresas, cortadas en cuartos
- 2 kiwis, cortados en rodajas
- 2 naranjas, cortadas en rodajas
- 1 mango, cortado en tiras
- 2 duraznos, cortados en tiras
- ½ taza de cerezas, sin hueso y cortadas en mitades
- ½ taza de arándanos
- ½ taza de frambuesas
- 1 carambola
- 8 hojas de papel de arroz vietnamita
- hojas de menta fresca

PARA LA SALSA DE FRESA:

- 2 tazas de fresas
- 1 maracuyá

PARA LA SALSA DE CHOCOLATE:
- 1 taza de chocolate amargo, derretido

INSTRUCCIONES:
PREPARACIÓN DE LOS ROLLITOS DE PRIMAVERA DE FRUTAS:
a) Corta todas las frutas en trozos pequeños. Si lo deseas, utiliza un cortador en forma de estrella para el mango.

b) Llene un recipiente poco profundo con agua y sumerja las hojas de papel de arroz vietnamita en el agua, asegurándose de que queden moderadamente húmedas por ambos lados. Tenga cuidado de no remojarlos por mucho tiempo, ya que pueden volverse demasiado blandos.

c) Una vez que hayas remojado los papeles de arroz, coloca una porción de las frutas preparadas en cada hoja de papel de arroz.

d) Colócalos en el centro y luego enróllalos como un burrito, doblando las dos solapas laterales a medida que avanzas.

PREPARAR LA SALSA DE FRESA:

e) En una licuadora, combine las fresas y la pulpa de la maracuyá.

f) Mezclar hasta que esté suave. Esta será tu salsa de fresas.

SERVICIO:

g) Sirva los rollitos de primavera de frutas con la salsa de fresas. También puedes ofrecer chocolate amargo derretido como opción alternativa para mojar.

h) ¡Disfruta de tus refrescantes y saludables rollitos de primavera de frutas en los calurosos días de verano!

61. Rollitos de primavera con salsa de limonada de fresa

INGREDIENTES:
ROLLITOS DE PRIMAVERA:
- Agua tibia
- 8 envoltorios de papel de arroz
- 1 kiwi, rebanado
- $\frac{1}{4}$ de taza de fresas (40 g), en rodajas
- $\frac{1}{2}$ mango, rebanado
- $\frac{1}{4}$ de taza de frambuesas (30 g)
- $\frac{1}{2}$ manzana verde, en rodajas

DIP DE LIMONADA DE FRESA:
- $\frac{1}{2}$ taza de yogur griego de vainilla (120 g)
- $\frac{1}{2}$ taza de fresas (75 g), en rodajas
- 3 ramitas de hojas de menta fresca
- 1 cucharada de miel
- 1 cucharada de jugo de limón
- $\frac{1}{4}$ de cucharada de ralladura de limón y más para decorar

INSTRUCCIONES:
HAGA LA SALSA DE LIMONADA DE FRESA:
a) Agrega el yogur griego, las fresas en rodajas, las hojas de menta fresca, la miel, el jugo de limón y la ralladura de limón a una licuadora.
b) Mezclar hasta que esté suave.
c) Transfiera la salsa a un tazón pequeño y decore con más ralladura de limón.
d) Enfría la salsa en el frigorífico mientras montas los panecillos.

ARMAR LOS ROLLITOS DE PRIMAVERA:

e) Llene un recipiente mediano y poco profundo con agua tibia y colóquelo cerca de su estación de trabajo.
f) Sumerge un envoltorio de papel de arroz en el agua tibia durante unos segundos, sumergiéndolo por completo.
g) Retire el papel de arroz empapado y colóquelo sobre una superficie lisa y limpia, como un plato.
h) Agregue la combinación deseada de kiwi en rodajas, fresas en rodajas, mango en rodajas, frambuesas y manzana verde en rodajas en el centro del envoltorio. Tenga cuidado de no llenar demasiado para facilitar el enrollado.
i) Trabajando rápidamente, antes de que el papel de arroz se seque, dobla ambos lados del papel de arroz sobre la fruta para asegurarla.
j) Levante el borde inferior del papel de arroz y dóblelo con cuidado sobre la parte superior de la fruta, metiéndolo hacia abajo por el otro lado.
k) Enrolle suavemente hasta que la fruta esté completamente cubierta y el borde superior del envoltorio se adhiera al rollito de primavera.
l) Repita el proceso de enrollado con los ingredientes restantes.
m) Reserva cada rollito de primavera y cúbrelo con una toalla de papel húmeda para mantenerlo fresco mientras repites con los ingredientes restantes.

ATENDER:

n) Sirva los rollitos de primavera de frutas con la salsa fría de limonada de fresa.
o) ¡Disfruta de este refrescante y saludable aperitivo!

62. Rollos arcoíris de fruta del dragón

INGREDIENTES:
PARA LAS ENVOLTURAS:
- 4 envoltorios de papel de arroz (para 2 rollos)
- ½ taza de zanahoria rallada
- ½ aguacate, en rodajas finas
- 8 rodajas de pepino
- Un puñado de hojas de albahaca fresca
- ½ taza de fideos de arroz cocidos
- ½ taza de pitahaya rosada en puré

PARA LA SALSA PARA MOJAR:
- 2 cucharadas de mantequilla de maní suave
- 1 cucharada de vinagre de arroz
- ½ cucharada de aceite de sésamo
- ½ cucharada de mirín
- ½ cucharada de salsa de soja o tamari (para sin gluten)
- ½ cucharada de azúcar moreno
- ½ cucharada de Sriracha (ajustar según su preferencia de especias)

INSTRUCCIONES:
PARA LAS ENVOLTURAS:
a) Prepara los fideos de arroz según las instrucciones del paquete. Escurrir y reservar.
b) En un plato poco profundo, agregue agua tibia. Sumerge una envoltura de papel de arroz en el agua durante unos 10 a 15 segundos o hasta que se vuelva suave y flexible.

c) Transfiera con cuidado el envoltorio de papel de arroz ablandado a una superficie de trabajo limpia, como un plato o un paño de cocina húmedo.
d) En el centro del envoltorio de papel de arroz, coloque una pequeña cantidad de zanahoria rallada, rodajas de aguacate, rodajas de pepino, hojas de albahaca fresca y fideos de arroz cocidos.
e) Rocíe una cucharada de puré de pitahaya rosada sobre los ingredientes.
f) Doble con cuidado los lados del papel de arroz hacia adentro, luego doble la parte inferior y enróllelo bien para encerrar el relleno, similar a enrollar un burrito.
g) Repita estos pasos para hacer el segundo rollo.
h) Corte cada rollo por la mitad en diagonal para obtener una presentación visualmente atractiva.

PARA LA SALSA PARA MOJAR:
i) En un tazón pequeño, combine la mantequilla de maní suave, el vinagre de arroz, el aceite de sésamo, el mirin, la salsa de soja o tamari, el azúcar moreno y la Sriracha.
j) Revuelve los ingredientes hasta que estén bien mezclados. Ajuste la Sriracha al nivel deseado de picante.

SIRVE LOS ROLLOS ARCOÍRIS DE FRUTA DEL DRAGÓN:
k) Sirva los panecillos con la salsa preparada.
l) ¡Disfruta de tus deliciosos y coloridos Dragon Fruit Rainbow Rolls!

m) Estos panecillos no solo son visualmente impresionantes sino que también están llenos de sabor y textura. ¡Son una comida deliciosa y saludable para dos!

63. Rollitos de papel de arroz con cerdo y albahaca

INGREDIENTES:

- 150 g de fideos de arroz secos
- 16 envoltorios pequeños de papel de arroz redondos
- 1 lechuga de roble, hojas separadas, lavadas y secas
- 2 pepinos libaneses, partidos por la mitad y cortados en tiras finas
- $\frac{1}{2}$ taza de hojas de menta
- $\frac{1}{2}$ taza de hojas de albahaca tailandesa
- 250 g (2 tazas) de cerdo asado, cortado en tiras
- $\frac{1}{3}$ taza de salsa de chile dulce
- 1 lima, exprimida

INSTRUCCIONES:

a) Remoja los fideos de arroz siguiendo las instrucciones del paquete.
b) Escurrir los fideos remojados y refrescarlos en agua fría. Escurrir nuevamente.
c) Llene hasta la mitad un plato poco profundo con agua tibia.
d) Sumerge un envoltorio de papel de arroz en agua tibia y colócalo sobre una superficie de trabajo.
e) Déjelo reposar durante 20 a 30 segundos o hasta que se ablande lo suficiente como para rodar sin partirse.
f) Coloca una hoja de lechuga en el borde del papel de arroz.
g) Cubra con una porción de fideos, tiras de pepino, hojas de menta, hojas de albahaca y tiras de cerdo asado.

h) Enrollar el papel de arroz, doblándolo por los bordes para encerrar el relleno.
i) Para evitar que los rollos de papel de arroz se sequen, cúbrelos con un paño de cocina húmedo.
j) Repita el proceso con los envoltorios de papel de arroz restantes y los ingredientes del relleno para crear un total de 16 rollos.

PREPARAR SALSA DE CHILE DULCE

k) En un frasco con tapa de rosca, combine la salsa de chile dulce y $1\frac{1}{2}$ cucharada de jugo de lima.
l) Asegure la tapa y agite el frasco hasta que los ingredientes estén bien combinados.

ATENDER

m) Sirva los rollos de papel de arroz con cerdo con la salsa de chile dulce para obtener una comida deliciosa y satisfactoria.

64. Rollitos de cerdo vietnamitas a la parrilla

INGREDIENTES:
- 1 paquete de papeles de arroz
- 150 g de fideos de arroz
- $\frac{1}{4}$ taza de lechuga rallada
- 1 zanahoria grande (en juliana fina)
- 2 pepinos libaneses (en juliana)

SALSA VIETNAMITA :
- Hierbas (cilantro, albahaca, menta, cebollino)

ADOBO DE CERDO:
- 300 g de cuello de cerdo (en rodajas finas)
- 2 cucharaditas de salsa de pescado
- 1 cucharada de azúcar
- 1 cucharada de salsa de soja dulce
- 2 dientes de ajo (finamente picados)
- 2 cucharadas de limoncillo (finamente picado)
- 2 cucharadas de cebolla tierna (finamente picada)
- 2 cucharadas de cebolla (finamente picada)
- 2 cucharadas de aceite
- Pimienta al gusto

INSTRUCCIONES:
COCINAR EL CERDO:
a) En un tazón, combine todos los ingredientes para la marinada de cerdo, asegurándose de mezclar bien.
b) Calienta aceite en una sartén antiadherente y asa la carne de cerdo hasta que se dore.

PREPARACIÓN DE LOS ROLLOS DE PAPEL DE ARROZ:

c) Coloque los fideos de arroz en agua hirviendo durante 2 minutos hasta que se ablanden y luego escúrralos bien.
d) Llene un recipiente para mojar con agua tibia. Sumerge una hoja de papel de arroz en agua tibia para humedecerla por completo, luego retírala inmediatamente y colócala sobre una superficie limpia.
e) Coloque una capa de carne de cerdo, seguida de las hierbas, la zanahoria, el pepino, la lechuga y los fideos de arroz a lo largo del borde del papel de arroz más cercano a usted.
f) Doble con cuidado el borde con los ingredientes, luego doble los dos lados hacia el centro para encerrar los rellenos.
g) Enrolle bien el papel de arroz alrededor de los ingredientes para crear el rollo de papel de arroz.
h) Sirva los rollos de papel de arroz con la salsa vietnamita.

65. Rollo de papel de arroz con cerdo y cinco especias

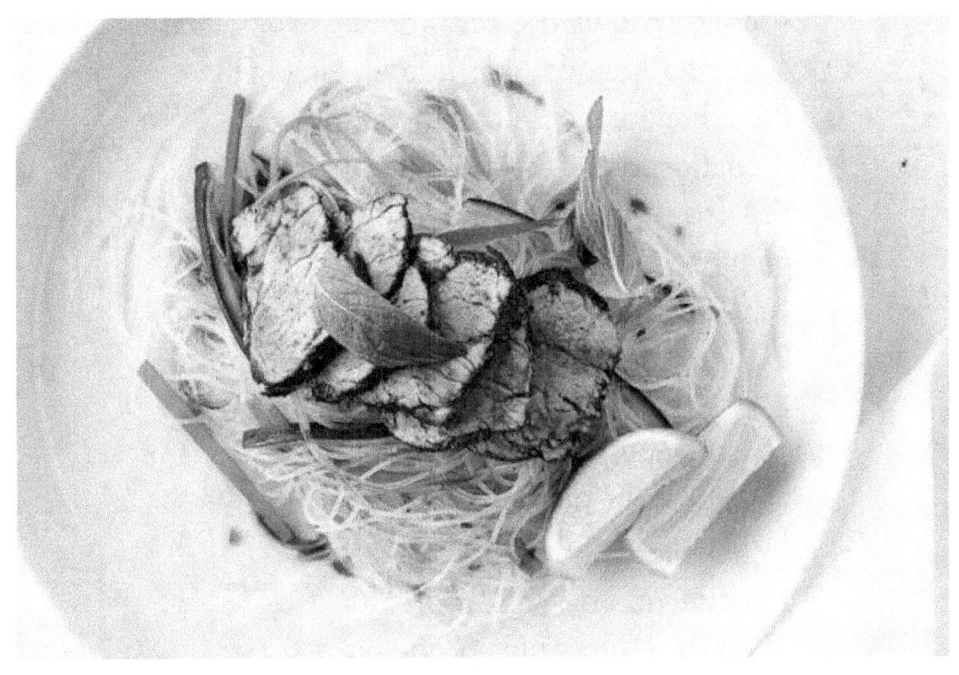

INGREDIENTES:
- ½ zanahoria, cortada en tiras finas
- ½ chile rojo largo, cortado en tiras finas
- ½ pepino libanés, cortado en tiras finas
- 2 cucharaditas de azúcar en polvo
- 2 cucharadas de vinagre de arroz
- 50 g de fideos, cocidos según las instrucciones del paquete
- 1 cucharadita de polvo de cinco especias
- 2 cucharaditas de aceite de oliva
- 200 g de filete de cerdo, desmenuzado
- 1 envoltorio de papel de arroz
- 1 cucharadita de salsa de chile dulce
- 1 cucharadita de salsa de ostras
- 1 cucharada de salsa de soja
- Jugo de ½ lima, más gajos para servir
- Hojas de menta, para servir.

INSTRUCCIONES:
a) Precalienta tu horno a 190°C (374°F) y cubre una bandeja para hornear con papel de hornear.
b) En un bol, combine la zanahoria, el chile, el pepino, el azúcar y el vinagre de arroz. Deja esta mezcla a un lado durante 20 minutos. Luego, escúrrelo y mézclalo con los fideos cocidos.
c) En otro tazón, mezcle el polvo de cinco especias y el aceite de oliva. Agrega el filete de cerdo y cúbrelo con esta mezcla. Calienta una sartén a fuego medio, luego cocina la carne de cerdo, dándole vuelta,

durante unos 6 minutos o hasta que esté ligeramente carbonizada. Transfiera la carne de cerdo a la bandeja para hornear preparada y ásela durante 4-5 minutos más hasta que esté bien cocida.

d) Suaviza el envoltorio de papel de arroz según las instrucciones del paquete.
e) En un tazón, combine la salsa de chile dulce, la salsa de ostras y el jugo de lima.
f) Coloque el envoltorio de papel de arroz ablandado sobre una superficie limpia. Cúbrelo con la mezcla de fideos y el cerdo en rodajas.
g) Sirva su delicioso rollo de papel de arroz con cerdo y cinco especias con rodajas de limón, hojas de menta y la salsa para mojar. ¡Disfrutar!

66. Rollos de papel de arroz con cerdo desmenuzado y cilantro

INGREDIENTES:
- Paquete de 340 g de ensalada de kales (deseche el aderezo)
- 60 ml de salsa vietnamita Poonsin
- 12 hojas de papel de arroz de 8"
- 1 manojo de cilantro, partido en ramitas
- Paquete de 560 g de paleta de cerdo lista para desmenuzar con salsa barbacoa, calentada y desmenuzada

ADORNAR:
- Hojas de cilantro
- Rodajas de limón

INSTRUCCIONES:
a) En un tazón, combine la ensalada de kales y la salsa para mojar.
b) Llene un plato grande y poco profundo resistente al calor con agua hirviendo y déjelo enfriar durante 2 minutos.
c) Para cada rollo de papel de arroz, sumerja brevemente una hoja de papel de arroz en agua caliente para ablandarla un poco y luego colóquela sobre una superficie de trabajo limpia.
d) Pon 2 ramitas de cilantro en el centro de la hoja de papel de arroz. Cubra con 2 o 3 cucharadas de la mezcla de carne de cerdo y luego con 2 o 3 cucharadas de la mezcla de ensalada de kales. Dobla los lados de la hoja de papel de arroz y luego enróllala bien para formar un tronco.

e) Coloque el rollo con la costura hacia abajo en un plato. Repita este proceso con las hojas restantes de papel de arroz, las ramitas de cilantro, la carne de cerdo y la ensalada de col rizada para hacer un total de 12 rollos.
f) Cubra los rollos de papel de arroz con hojas adicionales de cilantro y sírvalos con rodajas de lima y salsa adicional.

67. Rollitos de primavera de cerdo y camarones

INGREDIENTES:
- 2 onzas de fideos de arroz finos (fideos)
- 8 onzas de lomo de cerdo deshuesado
- 1 cucharada más 1 cucharadita de vinagre de arroz, cantidad dividida
- $\frac{1}{2}$ libra de camarones medianos, pelados y desvenados
- 8 envoltorios de rollitos de primavera vietnamitas de arroz integral
- Hierbas frescas (menta, cilantro, albahaca, cilantro vietnamita o tu preferencia)
- 1 cabeza pequeña de lechuga
- 4 mini pepinos, en rodajas finas
- 2 zanahorias, ralladas o en juliana
- $\frac{1}{2}$ taza de salsa hoisin
- $\frac{1}{2}$ taza de leche de coco
- $\frac{1}{2}$ cucharadita de aceite de sésamo
- $\frac{1}{4}$ taza de maní triturado
- 4 cucharaditas de salsa Sriracha

INSTRUCCIONES:
a) Traiga una olla grande con agua a hervir. Mientras tanto, remoje los fideos en un recipiente con agua fría hasta que estén flexibles, aproximadamente 7 minutos. Escurrir y hervir, revolviendo una o dos veces, hasta que estén tiernos, aproximadamente 15 segundos.

b) Transfiera con un colador de malla a un colador y enjuague con agua fría hasta que se enfríe. Escurrir y transferir a un bol; cubra con film transparente y reserve.

c) Agrega la carne de cerdo y 1 cucharada de vinagre al agua hirviendo. Reduzca el fuego para mantener el fuego lento y cocine hasta que un termómetro de lectura instantánea insertado en el centro registre 140 °F, aproximadamente 8 minutos. Transfiera con unas pinzas a una tabla de cortar, déjela enfriar a temperatura ambiente y luego córtela transversalmente en rodajas muy finas.

d) En la misma agua, cocine los camarones hasta que estén rosados y opacos, aproximadamente 2 minutos. Escurrir y enjuagar con agua corriente fría. Corta cada camarón por la mitad a lo largo.

e) Llene un plato grande, redondo y poco profundo con agua tibia. Sumerja una envoltura de papel de arroz en el agua hasta que esté muy flexible, aproximadamente 10 segundos, y colóquela en un plato. En el tercio inferior del envoltorio, dejando aproximadamente 1 pulgada de espacio en los bordes, coloque capas de relleno horizontalmente en el siguiente orden: 3 mitades de camarones, algunas hierbas, 1 hoja de lechuga doblada por la mitad, 2 rebanadas de cerdo, 4 rebanadas de pepino, 2 cucharadas de fideos y 6 tiras de zanahoria.

f) Comenzando por el borde más cercano a usted, doble el envoltorio hacia arriba y sobre el relleno. Dobla los lados derecho e izquierdo del envoltorio hacia adentro y continúa enrollando el envoltorio firmemente hasta arriba. Repita con los envoltorios y rellenos restantes.

g) Antes de servir, mezcle la salsa hoisin, la leche de coco, la cucharadita restante de vinagre de arroz y el aceite de sésamo. Divida en 4 tazas de salsa, cubra cada una con 1 cucharada de maní y 1 cucharadita de Sriracha.

68. Rollitos de Frutas con Salsa de Chocolate

INGREDIENTES:
SALSA DE CHOCOLATE:
- 100 g de chocolate negro 70%, picado
- 1 cucharada de crema para untar reducida en grasa
- 2 cucharadas de crema ligera

SALSA DE FRESA:
- 1 taza de fresas
- 2 cucharaditas de azúcar glas tamizada

ROLLOS DE PAPEL DE ARROZ:
- 12 hojas de papel de arroz de 16 cm.
- Menta fresca
- 1 manzana verde pequeña, en rodajas finas
- 3 fresas, en rodajas finas
- 1 mandarina, pelada y cortada en rodajas finas
- 1 kiwi, pelado y en rodajas finas
- $\frac{1}{4}$ de plátano pequeño, pelado y cortado en rodajas finas
- $\frac{1}{2}$ taza de frambuesas
- $1/3$ taza de arándanos
- 1 mango pequeño, en rodajas finas

INSTRUCCIONES:
a) En una cacerola pequeña, a fuego muy lento, coloque el chocolate para untar y la crema. Revuelva hasta que se derrita, quede suave y combinado. Transfiera la salsa a un tazón para servir. Dejar enfriar.

b) En un procesador de alimentos pequeño, triture las fresas hasta que quede suave. Agregue el azúcar glas y transfiera la salsa a un tazón para servir.

c) Llene hasta la mitad un plato poco profundo con agua tibia. Remoje 1 hoja de papel de arroz en agua hasta que esté suave.
d) Colóquelo sobre la superficie de trabajo. Coloque 1 hoja de menta, si la usa, a lo largo del borde del papel de arroz. Cubra con una selección de frutas (tenga cuidado de no llenar demasiado).
e) Enrollar, doblando hacia los lados para encerrar el relleno. Deja el rollo a un lado y cúbrelo con un paño de cocina húmedo para evitar que se seque. Repita con las hojas restantes de papel de arroz, las hojas de menta y la fruta para hacer 12 rollos.
f) Sirva los rollos de papel de arroz con frutas y salsas para mojar.

69. Rollos de papel de arroz con azafrán y coco

INGREDIENTES:
- 7 hojas de papel de arroz
- 1 taza de coco rallado
- ½ taza de azúcar moreno
- 1 cucharadita de ghee (mantequilla clarificada)
- ¼ de cucharadita de cardamomo en polvo
- Una pizca de azafrán (opcional)

INSTRUCCIONES:
a) Agregue el coco y el azúcar moreno a una sartén y mezcle bien.
b) Déjalo cocinar a fuego medio hasta que espese, recordando revolver constantemente.
c) Retíralo del fuego y déjalo enfriar por completo.

PREPARACIÓN DE LOS ROLLOS DE PAPEL DE ARROZ:
d) Sumerge una envoltura de arroz en agua filtrada durante 15 a 20 segundos y colócala sobre un plato.
e) Agregue 2 cucharadas del relleno de coco y azúcar moreno y comience a doblar.
f) Repite el proceso de enrollado con las hojas restantes y el relleno.
g) Si lo deseas, decóralas con azafrán remojado.

70. Rollitos de verano de frutas tropicales

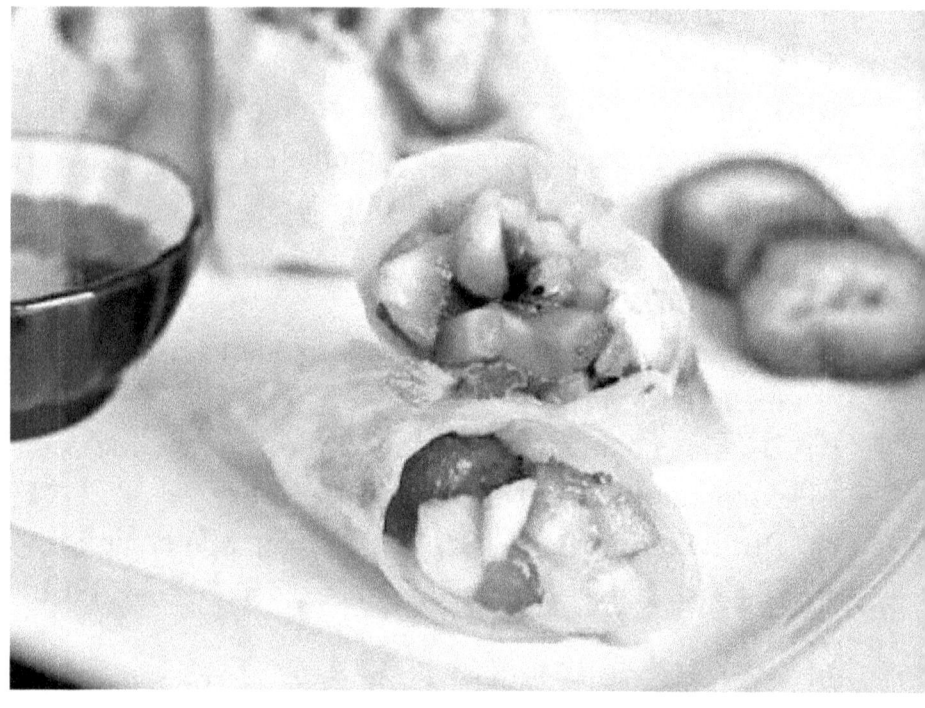

INGREDIENTES:
PARA LOS ROLLOS DE VERANO:
- 8 envoltorios de papel de arroz
- 1 mango maduro, pelado y cortado en rodajas finas
- 1 papaya madura, pelada, sin semillas y en rodajas finas
- 1 plátano, en rodajas finas
- ½ piña, pelada, sin corazón y en rodajas finas
- ½ taza de hojas de menta fresca
- ½ taza de hojas de albahaca fresca (opcional)
- ½ taza de hojas de cilantro fresco (opcional)

PARA LA SALSA PARA MOJAR:
- ¼ taza de leche de coco
- 2 cucharadas de miel
- 1 cucharada de jugo de lima
- ½ cucharadita de ralladura de lima
- ½ cucharadita de extracto de vainilla

INSTRUCCIONES:
PARA LA SALSA PARA MOJAR:
a) En un tazón pequeño, mezcle la leche de coco, la miel, el jugo de lima, la ralladura de lima y el extracto de vainilla hasta que estén bien combinados. Dejar de lado.

PARA LOS ROLLOS DE VERANO:
b) Prepare todas las frutas y hierbas lavándolas y cortándolas en tiras finas.

c) Llene un plato poco profundo con agua tibia. Trabajando uno a la vez, coloque una envoltura de papel de arroz en agua tibia durante unos 10 a 15 segundos, o hasta que se vuelva suave y flexible.

d) Levante con cuidado el papel de arroz ablandado y colóquelo sobre una superficie limpia, como un plato o una tabla de cortar.

e) En el tercio inferior del papel de arroz, coloque capas de rodajas de mango, papaya, plátano y piña. Agregue un puñado de hojas de menta fresca y, si lo desea, hojas de albahaca y cilantro para darle más sabor.

f) Dobla los lados del papel de arroz y luego enróllalo bien, similar a enrollar un burrito.

g) Repita el proceso con los envoltorios restantes de papel de arroz y la fruta.

h) Sirva los rollitos de verano de frutas tropicales con la salsa preparada.

71. Rollos de papel de arroz con bayas y verduras

INGREDIENTES:
PARA LOS ROLLOS DE VERANO:
- 10 envoltorios de papel de arroz (elige entre dos tamaños: rollitos de verano)
- 1,5 tazas de fideos fideos cocidos (opcional para agregar carbohidratos)
- $\frac{1}{2}$ taza de fresas
- $\frac{1}{2}$ taza de frambuesas
- $\frac{1}{2}$ taza de moras

VERDURAS:
- 1 lechuga romana pequeña
- 1 zanahoria
- $\frac{1}{2}$ pepino
- 1 pimiento
- $\frac{1}{2}$ taza de coliflor morada (opcional)
- $\frac{1}{2}$ taza de col lombarda
- 1 aguacate
- un puñado de cilantro
- Un puñado de menta fresca
- Un puñado de albahaca tailandesa
- Flores comestibles (opcional)

PROTEÍNA (OPCIONAL):
- $\frac{1}{2}$ taza de tofu

SALSAS Y ADEREZOS:
- Salsa de maní
- Aderezo para ensalada (aderezo de fresa, frambuesa o mora)

INSTRUCCIONES:
PREPARAR LOS RELLENOS

a) Comience cocinando los fideos según las instrucciones del paquete, asegurándose de que se enfríen por completo. Blanquearlos brevemente y enjuagarlos con agua fría funciona bien.

b) Prepara las frutas y verduras cortándolas en rodajas finas o en juliana. También puedes usar estampadores para crear formas divertidas como corazones, flores o estrellas. Para el tofu, córtelo en juliana en trozos finos.

PREPARA TU SALSA/S PARA MOJAR

c) Tiene varias opciones para salsas, como salsa de mantequilla de maní, salsa de chile dulce con mango o aderezos de frutos rojos (fresa, frambuesa o mora).

d) Alternativamente, puedes servir los panecillos con salsa de soja.

PREPARAR EL PAPEL DE ARROZ

e) Suaviza los envoltorios de papel de arroz uno a la vez sumergiéndolos en agua tibia durante 5 a 10 segundos.

f) Retírelas cuando se vuelvan flexibles pero no completamente blandas. Deje que escurra el exceso de agua y colóquelo sobre una superficie plana, como una tabla de cortar húmeda o un paño de cocina.

MONTAR LOS ROLLOS DE VERANO

g) Llenar los panecillos es sencillo. Comience aproximadamente a una pulgada del borde del envoltorio y coloque capas de rellenos, como verduras en juliana, tofu (opcional), rodajas de bayas y hierbas. También puedes agregar fideos de arroz si lo deseas.

h) Ten en cuenta el orden de LOS ingredientes , ya que los primeros que se coloquen serán los primeros del rollo.

i) Para envolver los rollos, meta los bordes y enrolle repetidamente hasta que estén sellados. Es similar a enrollar un burrito.

j) Para obtener panecillos estéticamente agradables, espolvoree semillas y coloque rodajas de frutas o verduras con formas antes de agregar los ingredientes restantes .

k) Es mejor disfrutar estos panecillos de verano inmediatamente o el mismo día. Sírvelos con tu(s) salsa(s) preferida(s).

l) Guarda las sobras en el frigorífico, envueltas individualmente para evitar que el papel de arroz se seque y se agriete.

m) Déjelos volver a temperatura ambiente antes de consumirlos.

72. Rollitos de Verano con Caléndulas y Capuchinas

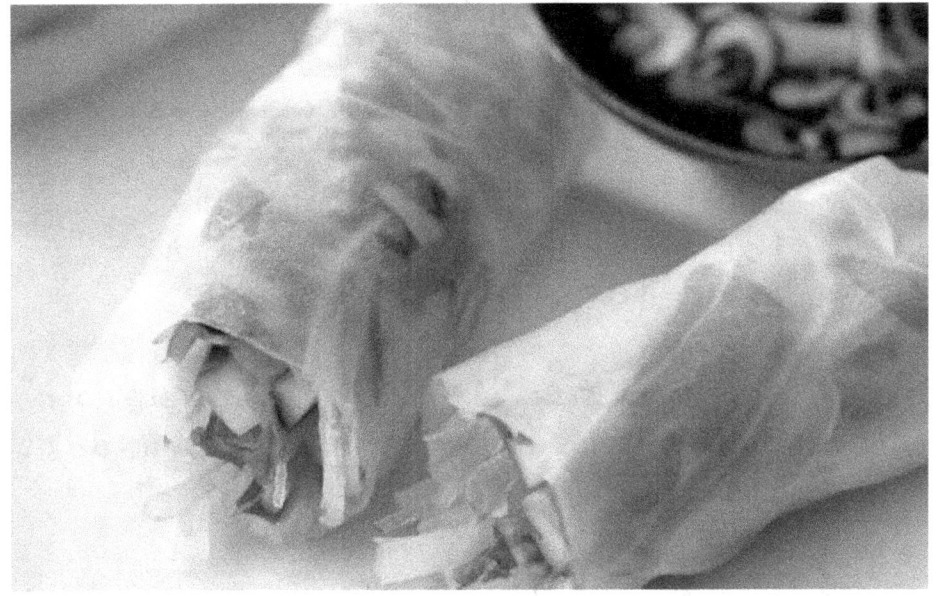

INGREDIENTES:
SALSA:
- $\frac{1}{2}$ taza de arroz sin condimentar o vinagre blanco
- 2 cucharadas . azúcar morena
- 4 cucharaditas de salsa de soja baja en sodio
- 1 cucharadita de maicena
- 2 dientes de ajo, picados (2 cucharaditas)
- 1 cucharadita de jengibre fresco picado
- $\frac{1}{4}$ de taza de cebollas verdes picadas

ROLLOS:
- Dos paquetes de 2,4 onzas de hebras de frijol mungo
- 24 envoltorios redondos de papel de arroz de $8\frac{1}{2}$ pulgadas
- 1 $\frac{1}{2}$ tazas de zanahoria en juliana
- 1 $\frac{1}{2}$ tazas de pepino en juliana
- 1 $\frac{1}{2}$ tazas de brotes de frijol
- 1 taza de cebollas verdes al bies, en rodajas finas
- $\frac{1}{2}$ taza de caléndulas picadas
- $\frac{1}{2}$ taza de capuchina picada
- $\frac{1}{4}$ de taza de menta fresca picada en trozos grandes
- $\frac{1}{4}$ de taza de cilantro fresco picado en trozos grandes

INSTRUCCIONES:
SALSA:
a) Batir el vinagre, el azúcar moreno, la salsa de soja y la maicena en una cacerola.
b) Agregue el ajo picado y el jengibre.

c) Lleve la mezcla a ebullición, luego reduzca el fuego a medio-bajo y cocine a fuego lento durante 3 minutos.
d) Deje que la salsa se enfríe y luego agregue las cebollas verdes picadas.

ROLLOS:
e) Cocine las hebras de frijol mungo según las instrucciones del paquete. Escurrir, enjuagar con agua fría y escurrir de nuevo.
f) Llene un molde para pasteles redondo de 9 pulgadas con 1 pulgada de agua caliente.
g) Remoje un envoltorio de papel de arroz en agua caliente hasta que se ablande. Transfiérelo a una superficie de trabajo y sécalo.
h) Coloca 3 cucharadas de hebras de frijol en el centro del envoltorio.
i) Cubra con 1 cucharada de zanahoria, pepino y brotes de soja, luego agregue 2 cucharaditas de cebollas verdes, 1 cucharadita de caléndula, 1 cucharadita de capuchina, $\frac{1}{2}$ cucharadita de menta y $\frac{1}{2}$ cucharadita de cilantro.
j) Doble la parte inferior del envoltorio sobre el relleno, doble los lados y enrolle bien, estilo burrito.
k) Repite el proceso con los envoltorios restantes y el relleno.
l) Sirve los rollitos con la salsa preparada.
m) ¡Disfruta de tus Rollitos de Verano con Caléndulas y Capuchinas!

73. Rollitos de Primavera de Flores con Salsa de Soja y Almendras

INGREDIENTES:
ROLLITOS DE PRIMAVERA
- 8 rábanos, cortados en tiras
- 5 cebollas verdes, cortadas en tiras
- ½ pepino, cortado en tiras
- ½ pimiento rojo cortado en tiras
- ½ pimiento amarillo cortado en tiras
- 1 aguacate, cortado en tiras
- ½ taza de hierbas frescas, picadas en trozos grandes
- ½ taza de flores comestibles dejadas enteras
- 9 envoltorios de rollitos de primavera de papel de arroz

SALSA
- 3 cucharadas de mantequilla de almendras
- 1 cucharada de salsa de soja
- 1 cucharada de jugo de lima
- 1 cucharada de miel
- 1 cucharadita de jengibre rallado
- 1 cucharada de agua caliente

INSTRUCCIONES:
a) Combine todos los ingredientes de la salsa en un tazón.
b) Llena un plato poco profundo con agua caliente. Trabajando uno a la vez, coloque suavemente un papel de arroz en el agua caliente durante unos 15 segundos, o hasta que esté suave y flexible.
c) Mueva el papel a una superficie húmeda.

d) Trabajando rápidamente, apile los rellenos sobre el papel de arroz en una fila larga y estrecha, dejando aproximadamente 2 pulgadas a cada lado.
e) Dobla los lados del papel de arroz sobre el montículo y luego enrolla suavemente.
f) Cubra los rollitos de primavera terminados con una toalla de papel húmeda hasta que estén listos para comer.
g) Sirva con salsa de mantequilla de almendras, opcionalmente cortada por la mitad para servir.

74. Ensalada de ternera a la brasa envuelta en papel de arroz

INGREDIENTES:
- 1 libra de carne de res deshuesada (1 pulgada de grosor)
- 2 tallos de limoncillo fresco
- 2 chalotes
- 3 dientes de ajo
- 1 chile serrano fresco
- 1 cucharada de azúcar
- 1 cucharada de salsa de pescado vietnamita (nuoc mam)
- 1 cucharada de aceite de sésamo asiático
- 1 cucharada de semillas de sésamo
- 2 onzas de fideos de arroz secos
- Agua hirviendo
- 12 hojas grandes de lechuga roja
- 1 pepino inglés pequeño, pelado y cortado en juliana
- 24 hojas de menta fresca
- 36 hojas de cilantro fresco, cada una con un tallo pequeño
- Salsa para mojar nuoc cham
- 12 círculos de papel de arroz seco (12 pulgadas)

SALSA PARA MOJAR NUOC CHAM :
- 4 dientes de ajo
- 2 chiles frescos (preferiblemente serrano)
- 2 cucharadas de azúcar
- 6 cucharadas de salsa de pescado vietnamita (nuoc mam)
- 4 cucharadas de jugo de lima fresco
- 6 a 8 cucharadas de agua

INSTRUCCIONES:
MARINAR LA CARNE:
a) Corte la carne en trozos de 4 por $\frac{3}{4}$ de pulgada. Corte cada pieza a lo largo de la fibra en tiras de $\frac{1}{4}$ de pulgada de grosor.

b) Retire y deseche las hojas exteriores duras de la hierba de limón. Corta el tierno corazón blanco en trozos de 1 pulgada y colócalos en un procesador de alimentos con las chalotas, el ajo, el chile y el azúcar; procesar hasta obtener una pasta.

c) Transfiera la pasta a un bol y mezcle la salsa de pescado, el aceite de sésamo y las semillas de sésamo. Agregue las rodajas de carne, mezcle bien y deje marinar durante al menos 3 horas o toda la noche.

PREPARACIÓN DE LOS FIDEOS DE ARROZ Y ACOMPAÑAMIENTOS:
d) En un tazón mediano, cubra los fideos de arroz con agua hirviendo; Déjalos reposar durante 1 minuto y luego escúrrelos. Coloque los fideos de arroz, la lechuga, las tiras de pepino, la menta y el cilantro en montones separados en un plato, dejando espacio para la carne. Refrigerar.

e) Asar la carne:

f) Justo antes de servir, precaliente una rejilla para asar sobre brasas. Ase las tiras de carne durante 30 segundos por cada lado, hasta que estén bien doradas. Alternativamente, coloque las tiras de carne en la rejilla más alta del horno debajo de una parrilla caliente y ase por cada lado hasta que estén doradas. Coloca la carne en el plato.

HACER LOS ROLLOS DE PAPEL DE ARROZ:
g) Tenga un plato de salsa para mojar y uno o más tazones anchos con agua tibia en las mesas. Cada invitado sumerge un círculo de papel de arroz en un recipiente con agua e inmediatamente lo extiende sobre un plato o una toalla húmeda. El círculo se rehidratará y se volverá flexible en unos segundos.

h) Para hacer un rollito de primavera, coloque una hoja de lechuga en el tercio inferior del círculo humedecido. Cúbrelo con 2 o 3 rebanadas de carne, una cucharada grande de fideos, varias tiras de pepino y unas hojas de menta y cilantro.

i) Dobla el borde cercano del papel de arroz sobre el relleno, luego enrolla el papel alrededor del relleno, manteniéndolo tenso. A la mitad, doble un extremo para encerrar el relleno; luego continúa rodando.

j) Sumerja el extremo abierto del rollo en la salsa nuoc cham y cómelo con los dedos.

PREPARAR LA SALSA PARA MOJAR NUOC CHAM :
k) Para hacer la salsa, muele 4 dientes de ajo, 2 chiles frescos (preferiblemente serrano) y 2 cucharadas de azúcar hasta obtener una pasta en un mortero, licuadora o mini procesador de alimentos.

l) Agregue 6 cucharadas de salsa de pescado vietnamita (nuoc mam), 4 cucharadas de jugo de limón fresco y de 6 a 8 cucharadas de agua. Cuela la salsa en un recipiente para mojar.

75. Rollitos de Carne y Quinua con Salsa de Tamarindo

INGREDIENTES:
- 100 g (½ taza) de quinua tricolor
- 225ml de agua
- 30 g de azúcar de palma finamente picado
- 5 cucharaditas de salsa de pescado
- 1 cucharada de puré de tamarindo
- 1 diente de ajo pequeño, triturado
- 2 cucharaditas de jugo de lima
- ¾ cucharadita de jengibre fresco, finamente rallado
- 400 g de filete de ternera
- 2 chalotes verdes, en rodajas finas
- 12 hojas de papel de arroz de 22cm de diámetro
- 1 chile rojo largo y fresco, cortado en rodajas finas en diagonal
- 12 hojas grandes de menta fresca
- 150 g de brotes de soja
- 12 ramitas de cilantro fresco

INSTRUCCIONES:
a) Coloca la quinua y 185ml (¾ taza) de agua en una cacerola a fuego medio-bajo. Llévalo a fuego lento y revuelve de vez en cuando.

b) Cocine a fuego lento la quinua durante 10-12 minutos o hasta que esté tierna. Déjelo enfriar un poco.

c) Para la salsa, combine el azúcar de palma, la salsa de pescado, el puré de tamarindo, el ajo machacado y el agua restante en una cacerola a fuego medio-bajo.

d) Revuelva continuamente durante 3 minutos y luego déjelo cocinar a fuego lento durante 2 minutos más hasta que espese un poco.
e) Transfiera la salsa a un bol y agregue el jugo de lima y el jengibre finamente rallado. Déjalo enfriar.
f) Calienta una parrilla a fuego medio-alto.
g) Rocíe el filete de lomo de res con aceite de oliva y condimente.
h) Cocine el bistec, volteándolo, durante aproximadamente 4 minutos para que esté medio cocido o hasta que alcance su nivel preferido de cocido.
i) Deje reposar la carne cocida durante 4 minutos y luego córtela en rodajas finas.

MONTAR LOS ROLLOS DE PAPEL DE ARROZ

j) Agrega las chalotas verdes en rodajas finas y 3 cucharaditas de salsa de tamarindo a la quinua cocida.
k) Sumerge una hoja de papel de arroz en agua fría durante 10 segundos o hasta que comience a ablandarse, luego escúrrela sobre un paño de cocina limpio.
l) Coloque la hoja de papel de arroz ablandado sobre una superficie de trabajo y agregue 2 rodajas de chile y una hoja de menta en el centro.
m) Cubra con una porción de la mezcla de quinua, brotes de soja, rebanadas de carne asada y una ramita de cilantro.

n) Dobla los extremos de la hoja de papel de arroz y enróllala firmemente para encerrar el relleno.
o) Repite el proceso con las hojas restantes de papel de arroz.
p) Sirva los rollos de papel de arroz con carne y quinua con el resto de la salsa de tamarindo.

76. Rollos de papel de arroz con carne y limoncillo

INGREDIENTES:
- 125 g de fideos de arroz
- ¼ de taza (60 ml) de salsa de pescado
- 1 ½ cucharadas de azúcar moreno
- 2 dientes de ajo machacados
- 1 chile rojo largo, finamente picado
- 1 tallo de limoncillo, solo la sección pálida, magullado y finamente picado
- 500 g de solomillo de ternera australiano Coles, cortado en filetes de 2 cm de grosor
- spray de aceite de oliva
- 1 zanahoria grande, pelada y cortada en palitos
- 1 pepino libanés, partido por la mitad, sin semillas y cortado en palitos
- 2 cebolletas, cortadas en trozos de 5 cm
- 1 taza de hojas de menta fresca
- 12 hojas redondas de papel de arroz (22 cm de diámetro)

PARA SALSA PARA MOJAR:
- 2 cucharadas de salsa de pescado
- 1 ½ cucharadas de azúcar moreno
- 2 cucharadas de jugo de lima
- ½ chile rojo largo, sin semillas y finamente picado

INSTRUCCIONES:
a) Coloque los fideos de arroz en un recipiente resistente al calor y cúbralos con agua hirviendo. Dejar reposar durante 3 minutos y luego escurrir bien.

b) En una jarra, mezcle la salsa de pescado, el azúcar moreno, el ajo machacado, el chile finamente picado y la hierba de limón finamente picada hasta que el azúcar se disuelva. Sazone la mezcla. Coloque la carne en un plato de vidrio o cerámica y vierta la marinada sobre ella, revolviendo para cubrirla.
c) Rocía una sartén grande con aceite de oliva y caliéntala a fuego medio-alto.
d) Escurre la carne de la marinada y cocínala durante 3 minutos por cada lado a fuego medio o hasta que alcance el nivel deseado de cocción.
e) Transfiera la carne cocida a un plato, cúbrala con papel de aluminio y déjela reposar durante 5 minutos antes de cortarla en rodajas finas.
f) Para hacer la salsa, combine la salsa de pescado, el azúcar morena, el jugo de limón y el chile picado en una jarra.

ARMAR

g) Beba una hoja de papel de arroz en un recipiente con agua tibia durante 30 segundos para ablandarla y luego escúrrala sobre toallas de papel.
h) Transfiérelo a un plato y coloque las hojas de menta, la zanahoria, el pepino, la cebolleta, los fideos y la carne en rodajas en el centro.
i) Dobla los extremos y enrolla bien para encerrar el relleno.
j) Sirve los rollitos de papel de arroz con la salsa para mojar.

k) ¡Disfruta de tus deliciosos rollos vietnamitas de papel de arroz con carne y limoncillo!

77. Rollitos de primavera Bulgogi de ternera

INGREDIENTES:
- 6 trozos de papel de arroz vietnamita de 22 cm (8,6 pulgadas)
- 200g de bulgogi de ternera de supermercado (o casero)
- 50 g de col blanca rallada
- 20 g de col roja (morada) rallada
- 20 g de cilantro (con unas hojas de menta o albahaca)
- Media zanahoria, finamente rallada o cortada en palitos
- 75 g de mezcla para ensalada (o lechuga como romana o coral)
- Medio pimiento morrón (pimiento), cortado en tiras (tricolor para una mejor apariencia)
- 6 secciones largas de cebollino o cebolletas (cebolletas), opcional

SALSA DE ACOMPAÑAMIENTO:
- 4 cucharaditas de salsa ssamjang instantánea (o casera)
- 1 cucharadita de salsa de chile sriracha para darle más picante (ajustar al gusto)
- 2 cucharaditas de salsa ponzu
- 1 ½ cucharada de aderezo para ensalada de goma (sésamo)

INSTRUCCIONES:

a) Cocine el bulgogi de ternera en una sartén con un poco de aceite, con cuidado de no cocinarlo demasiado. Divídelo en 6 porciones y reserva.
b) Prepare los ingredientes restantes. Además, tenga listo un plato hondo o un recipiente con agua para mojar los rollos de papel de arroz.
c) Haga la salsa para mojar combinando ingredientes (A) en un tazón pequeño, revolviendo hasta que quede suave. Ajusta el sabor a tu preferencia. Divida la salsa en dos platillos pequeños y espolvoree con semillas de sésamo tostadas.

ARMAR:
d) Sumerge rápidamente un trozo de papel de arroz en agua hasta que se ablande (unos 7-10 segundos).
e) Coloque el papel de arroz ablandado en un plato grande o tabla de madera.
f) Elija uno de los siguientes dos estilos de balanceo:
g) Rollo básico: Coloque la mezcla de ensalada (o lechuga) y los demás ingredientes (excluyendo el cebollino) en el centro del papel de arroz. Dobla hacia adentro los lados izquierdo y derecho, seguido por el lado inferior. Enrolle la envoltura hacia afuera mientras mantiene los rellenos apretados.
h) Rollo Estético: Disponer los ingredientes como se muestra en la foto. La capa superior de carne será la "cara" frontal del rollito de primavera. Dobla los lados izquierdo y derecho y luego dobla el borde inferior hacia arriba. Enrolle la envoltura lejos de usted, manteniendo los rellenos apretados.

i) Cuando llegues a la base de la carne, introduce un cebollino decorativo o una cebolleta y deja que sobresalga del rollito de primavera. Continúe enrollando la última parte de la envoltura. Dale la vuelta al rollito de primavera para revelar el lado estético con la carne a la vista.

j) Sirva los rollitos de primavera con la salsa para mojar. Si no los vas a consumir inmediatamente, envuelve el plato de rollitos de primavera con film transparente.

k) Las sobras se pueden guardar en el refrigerador en un recipiente hermético por hasta 2 días, envolviendo cada rollito de primavera en film transparente. ¡Disfrutar!

78. Rollos de papel de arroz con carne satay

INGREDIENTES:
- ½ pepino continental, sin semillas y cortado en palitos
- 1 pimiento rojo, en rodajas
- 1 chile rojo, rebanado
- 1 paquete de albahaca tailandesa
- ½ bolsa (200 g) de ensalada de col
- 600 g de filetes de ternera
- 1 paquete de rollos de papel de arroz
- 1 botella (150 ml) de salsa satay de maní
- Aceite para cocinar)
- Sal
- Pimienta
- 1 cucharadita de cúrcuma molida

INSTRUCCIONES:
a) Quite las semillas y corte el pepino en palitos. Cortar el pimiento y el chile en rodajas. Escoge las hojas de albahaca. Reserva con la ensalada de col.

b) Cubra la carne con 1 cucharadita de cúrcuma, 1 cucharada de aceite y sazone con sal y pimienta. Calienta una sartén a fuego alto. Cocina los filetes durante 3-4 minutos por cada lado o hasta que estén cocidos a tu gusto. Retirar de la sartén y cortar en rodajas finas.

c) Coloque un paño de cocina limpio y un plato poco profundo con agua sobre la mesa. Remoja una hoja de papel de arroz en agua durante 5 segundos. Colócalo sobre el paño de cocina y déjalo hasta que se ablande.

d) Coloque los rellenos y la carne en el centro de la ronda.
e) Dobla los extremos y enrolla para envolver firmemente.
f) Repita con las hojas restantes de papel de arroz.
g) Vierta la salsa satay en un recipiente para mojar y aflójela con 1-2 cucharadas de agua. Servir con los rollitos de papel de arroz.

79. Rollos de papel de arroz con carne a la menta

INGREDIENTES:
PARA LA CARNE MINTADA:
- 300 g de tiras de ternera magra
- 2 dientes de ajo, picados
- 1 cucharadita de jengibre rallado
- 1 cucharada de salsa de soja
- 1 cucharada de miel
- ½ cucharadita de hojuelas de chile (ajustar al gusto)
- Pimienta negra recién molida, al gusto
- 1 cucharada de aceite vegetal

PARA LOS ROLLOS DE PAPEL DE ARROZ:
- 12 envoltorios redondos de papel de arroz
- 1 taza de fideos fideos, cocidos y enfriados
- 1 pepino, en juliana
- 1 zanahoria, en juliana
- 1 pimiento morrón, en rodajas finas
- hojas de menta fresca
- hojas de cilantro fresco
- Hojas de lechuga

PARA LA SALSA PARA MOJAR:
- ¼ de taza de salsa hoisin
- 2 cucharadas de mantequilla de maní
- 2 cucharadas de agua
- 1 cucharada de salsa de soja
- 1 cucharadita de salsa sriracha (ajustar al gusto)
- Zumo de 1 lima

INSTRUCCIONES:
PARA LA CARNE MINTADA:
a) En un tazón, combine el ajo picado, el jengibre rallado, la salsa de soja, la miel, las hojuelas de chile y la pimienta negra.
b) Marine las tiras de carne en esta mezcla durante unos 15-20 minutos.
c) Calienta el aceite vegetal en una sartén a fuego medio-alto. Agrega la carne marinada y cocina durante unos 3-4 minutos por cada lado o hasta que esté cocida a tu gusto. Retirar del fuego y dejar enfriar.
d) Una vez enfriada, corte la carne en tiras finas.

PARA LA SALSA PARA MOJAR:
e) En un tazón pequeño, mezcle la salsa hoisin, la mantequilla de maní, el agua, la salsa de soya, la salsa sriracha y el jugo de limón hasta que estén bien combinados. Ajusta la salsa sriracha a tu nivel preferido de picante.

MONTAJE DE LOS ROLLOS DE PAPEL DE ARROZ:
f) Prepare un recipiente poco profundo con agua tibia.
g) Tome una envoltura de papel de arroz y sumérjala en agua tibia durante unos 10 a 15 segundos o hasta que se vuelva flexible pero no demasiado blanda.
h) Coloque el papel de arroz ablandado sobre una superficie limpia.
i) En el centro del papel de arroz, agregue una pequeña cantidad de fideos cocidos, seguidos de pepino,

zanahoria, pimiento morrón, hojas de menta, hojas de cilantro, lechuga y unas tiras de carne picada.

j) Doble los lados del papel de arroz y luego enróllelo bien, similar a enrollar un burrito.

k) Repita el proceso con los envoltorios restantes de papel de arroz y el relleno. ingredientes .

l) Sirva los rollos de papel de arroz con carne y menta con la salsa preparada.

80. Rollitos de verano con guisantes de mariposa

INGREDIENTES:
- 8 onzas de fideos de arroz
- 1 cucharada de polvo de guisante mariposa azul
- 2 zanahorias, cortadas en rodajas finas
- 2 mini pepinos, cortados en rodajas finas
- Repollo morado, cortado en rodajas finas
- Menta fresca
- Envoltorios de papel de arroz

SALSA DE MANÍ:
- $\frac{1}{4}$ taza de mantequilla de maní
- 2 cucharadas de tamari o salsa de soja
- 2 cucharadas de agua
- 1 cucharada de vinagre de arroz
- 1 cucharadita de azúcar de coco
- $\frac{1}{2}$ cucharadita de jengibre molido
- $\frac{1}{2}$ cucharadita de hojuelas de pimiento rojo

INSTRUCCIONES:
a) Ponga a hervir 8 tazas de agua en una olla grande. Incorpora el polvo de guisante mariposa azul y luego agrega los fideos de arroz.
b) Apague el fuego y deje reposar los fideos durante 8 a 10 minutos, hasta que estén al dente. Escurra y enjuague con agua fría.
c) Batir todos los ingredientes para la salsa de maní hasta que quede suave.
d) Prepara todos los ingredientes para los panecillos de verano. Humedece un envoltorio de papel de arroz en

agua durante unos segundos y luego transfiérelo a una superficie plana.

e) Coloque los fideos de arroz y las verduras cortadas en rodajas en el centro inferior de la envoltura, dejando espacio a la derecha, a la izquierda y a la parte inferior.

f) Doble los lados derecho e izquierdo sobre el relleno, luego meta y enrolle desde abajo hacia arriba para encerrar el relleno.

g) Repita con el resto de los envoltorios de papel de arroz y el relleno.

h) ¡Corta por la mitad y disfruta con salsa de maní!

81. Rollos de papel de arroz inspirados en rosas

INGREDIENTES:
- 6 onzas de fideos de arroz secos
- ½ taza de pétalos de rosa culinaria recién cortados
- 12 papeles de arroz circulares
- 1 ¼ tazas de rábanos y/o pepinos ingleses en rodajas finas
- ¼ de taza de hojas de menta fresca
- ¼ de taza de hojas de cilantro fresco

SALSA DE ROSAS
- ¼ taza de salsa de soja
- ¼ de taza de vinagre de rosas

INSTRUCCIONES:
a) En una cacerola grande, cocine los fideos en agua hirviendo ligeramente salada durante 2 a 3 minutos o hasta que estén tiernos. Escurrir y enjuagar con agua fría, luego escurrir bien.

b) En un tazón espacioso, corte los fideos enfriados en trozos cortos y mézclelos con ¼ de taza de pétalos de rosa.

c) Para armar los panecillos: vierta agua tibia en un tazón poco profundo o en un molde para pastel. Tome un papel de arroz a la vez y sumérjalo en el agua hasta que se vuelva flexible.

d) Coloque aproximadamente ¼ de taza de fideos de arroz aproximadamente a un tercio de la altura desde el fondo, hacia el centro del papel de arroz.

Dobla el borde inferior hacia arriba sobre el relleno y enrolla bien una vez.

e) Coloque algunas de las verduras, hierbas y los pétalos de rosa restantes sobre el papel encima de la porción enrollada. Meta los lados y continúe enrollando para sellar el papel de arroz alrededor del relleno.

f) Repite este proceso con los papeles de arroz restantes. Sirva los panecillos con la salsa de rosas.

SALSA DE ROSAS :

g) En un tazón pequeño, combine $\frac{1}{4}$ de taza de salsa de soja y $\frac{1}{4}$ de taza de vinagre de rosas.

h) Espolvorea con pimienta negra molida gruesa.

82. Rollos de papel de arroz viola

INGREDIENTES:
- 12 hojas redondas de papel de arroz
- 1 pepino, cortado en tiras finas
- 1 zanahoria, cortada en tiras finas
- 1 pimiento rojo, cortado en tiras finas
- Fideos de vidrio (cantidad según sea necesario)
- Cilantro fresco, finamente picado (cantidad según sea necesario)
- Hojas de menta fresca (cantidad según sea necesario)
- Brotes de soja (cantidad según sea necesario)
- Tempeh (cantidad según sea necesario)
- Hojas de lechuga pequeña (cantidad según sea necesario)
- Semillas de sésamo (cantidad según sea necesario)
- Jugo de medio limón
- Flores de viola comestibles (2 a 3 por rollo)

INSTRUCCIONES:
a) Asegúrese de que toda la preparación esté completa antes de comenzar a rodar. Esto incluye cortar el pepino, la zanahoria y el pimiento rojo en tiras finas.
b) Picar finamente el cilantro y la menta. Prepara los fideos de cristal según las instrucciones del envase, dora las semillas de sésamo en una sartén y prepara el tempeh según sea necesario.
c) Ahora puedes empezar a montar los rollos. Remoje una hoja redonda de papel de arroz en agua caliente

hasta que se vuelva flexible, luego colóquela sobre una superficie limpia para rellenarla.

d) Utilice una hoja de lechuga pequeña como base para cada rollo. Añade una pequeña cantidad de todos los ingredientes a lo largo de la hoja de lechuga: pepino, zanahoria, pimiento rojo, fideos glass, brotes de soja, tempeh, cilantro y menta.

e) Como ingrediente final, agregue de 2 a 3 flores comestibles (como la begonia) a cada rollo para darle un hermoso toque de acidez.

f) Termine el panecillo de verano espolvoreando semillas de sésamo encima y rociando con jugo de limón.

g) Para enrollar el rollo de verano, primero voltee una solapa ancha hacia atrás y luego doble los lados hacia adentro. Si lo hace correctamente, notará que el rollo ya se está pegando bien. Sostenga el costado firmemente y doble la otra solapa ancha lo más fuerte posible con un movimiento giratorio.

h) Sirva los rollitos de verano con salsa picante de maní o teriyaki para mojar. ¡Disfruta de tus deliciosos y visualmente atractivos Rollitos de Verano con Flores!

83. Rollitos de verano Pretty - Pensamientos

INGREDIENTES:
- 8 envoltorios redondos de rollitos de primavera de papel de arroz de 8½ pulgadas
- 2 zanahorias medianas, peladas y cortadas en palitos de ¼ de pulgada
- 2 pepinos persas, cortados en palitos de ¼ de pulgada (aproximadamente 2 tazas)
- 2 tazas de hojas frescas de albahaca, menta y cilantro
- 2 tazas de pensamientos de colores vibrantes

INSTRUCCIONES:
a) Llene un recipiente grande con agua a temperatura ambiente.
b) Sumerge una envoltura de arroz en el agua hasta que se vuelva flexible, aproximadamente 3 segundos.
c) Coloque la envoltura de arroz ablandado sobre una superficie de trabajo limpia.
d) Coloque ¼ de taza de pensamientos de manera uniforme sobre el envoltorio.
e) Agregue ¼ de taza de hierbas frescas en una capa uniforme, asegurándose de que el envoltorio esté completamente cubierto con hierbas.
f) En una fila horizontal a lo largo del centro del envoltorio, dejando un borde de 1 pulgada a cada lado, coloque ¼ de taza de zanahorias y ¼ de taza de pepino. Tenga cuidado de no llenar demasiado el envoltorio.

g) Con ambas manos, levante la parte inferior del envoltorio hacia arriba y sobre el relleno, presionando suavemente hacia abajo. Enrolle el envoltorio completamente para crear un cilindro apretado, doblando los lados del envoltorio a la mitad del proceso de enrollado.
h) Repite el proceso con los envoltorios restantes y el relleno.
i) ¡Sirve los panecillos de verano inmediatamente y disfruta de este plato vibrante y visualmente atractivo!

84. Rollito de primavera de cangrejo real del sur

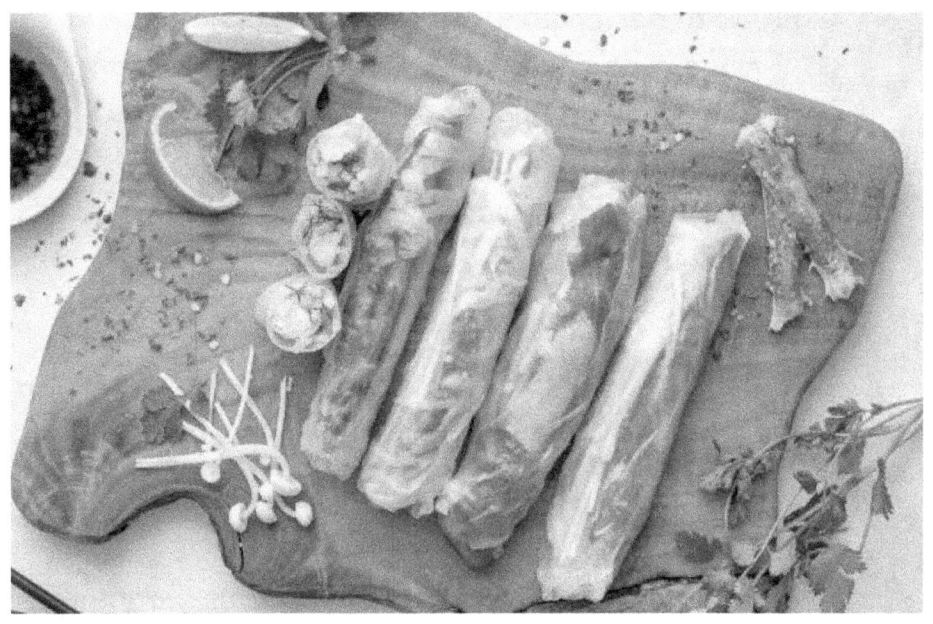

INGREDIENTES:
- Racimos de cangrejo real del sur cocidos
- 1 trozo de jengibre fresco
- 1 manojo de cilantro fresco
- 100 gramos de brotes de guisantes
- 100 gramos de hongos enoki
- 10-12 tallos de espárragos verdes
- 1 pepino
- 2 zanahorias
- Papel de arroz
- aceite de chile
- Salsa agridulce

INSTRUCCIONES:
a) Comienza preparando las verduras. Cortarlos en juliana fina.
b) Prepare el cangrejo real del sur cortando primero el extremo del racimo. Luego, doble suavemente el porro hacia atrás para poder retirar con cuidado el cartílago interno de la carne. Corta el extremo superior y golpea ligeramente el extremo abierto sobre una tabla de cortar para soltar la carne.
c) Sigue las instrucciones del paquete de papel de arroz para prepararlo adecuadamente.
d) Extiende todos tus ingredientes , y luego tomar una hoja de papel de arroz y colocar los ingredientes preparados en eso.
e) Enrolle bien el papel de arroz alrededor de los ingredientes , creando un rollito de primavera limpio.

f) Sirva sus rollitos de primavera de cangrejo real del sur con una guarnición de aceite de chile picante para mojar y una salsa agridulce.

85. Rollitos de Verano con Salsa de Chile y Lima

INGREDIENTES:
- 2 cucharadas de salsa de pescado
- 2 cucharadas de jugo de lima
- 2 cucharadas de azúcar
- 2 cucharadas de agua
- 1 chile rojo pequeño, triturado
- 4 onzas de fideos de arroz
- 12 envoltorios redondos de papel de arroz de 5 pulgadas
- ½ pimiento rojo, cortado en tiras
- ½ pimiento amarillo, cortado en tiras
- ½ aguacate, en rodajas
- 2 tazas de brotes de alfalfa
- 6 hojas grandes de albahaca, cortadas en rodajas

INSTRUCCIONES:
a) En un tazón pequeño, combine la salsa de pescado, el jugo de limón, el azúcar, el agua y el chile, revolviendo para disolver el azúcar.
b) En una olla mediana, hierva un poco de agua.
c) Cocine, revolviendo constantemente, durante 1 minuto o hasta que los fideos estén bien cocidos; escurrir y enfriar en un tazón, revolviendo regularmente.
d) Llene un recipiente pequeño hasta la mitad con agua. Se deben sumergir 2 papeles de arroz a la vez en el agua, sacudir el exceso, transferirlos a una superficie de trabajo y dejar que se ablanden durante 30 segundos.

e) En el tercio inferior de cada papel de arroz, coloca un pequeño puñado de fideos. Agrega dos tiras de pimiento morrón rojo y amarillo, una tira de aguacate, una tira de pepino y un puñado enorme de brotes de alfalfa encima. Añade unas tiras de albahaca como toque final.
f) Aplana los ingredientes y enróllalos en papel de arroz, doblándolos a los lados a medida que avanzas.
g) Para sellar, presione firmemente. Utilizando los papeles de arroz y los rellenos sobrantes, repita el proceso.
h) Cuando todos los panecillos estén listos, divídalos por la mitad en diagonal y sírvalos con salsa para mojar.

86. Rollitos de verduras con tofu sazonado al horno

INGREDIENTES:
- 1 onza de fideos de frijol, cocidos y escurridos
- 1½ tazas de repollo Napa, rallado
- ½ taza de zanahoria rallada
- ⅓ taza de cebollino, en rodajas finas
- 12 rondas de papel de arroz (8" de diámetro)
- 4 onzas de tofu sazonado al horno (1 taza)
- 24 hojas grandes de albahaca
- Aderezo de miso y maní

INSTRUCCIONES:
PARA EL LLENADO:
a) Exprima suavemente los fideos de frijoles cocidos para liberar el exceso de humedad y luego córtelos en trozos grandes.

b) En un tazón grande, mezcle los fideos cocidos, el repollo Napa rallado, la zanahoria rallada y las cebolletas en rodajas finas.

PARA MONTAR LOS ROLLITOS DE PRIMAVERA:
c) Llene un molde para pastel de 10 pulgadas con agua tibia. Sumerge uno de los papeles de arroz en el agua y remójalo hasta que esté flexible, lo que debería tomar entre 30 y 60 segundos.

d) Transfiera el papel de arroz ablandado a un paño de cocina limpio y séquelo suavemente para eliminar el exceso de agua.

e) Coloque aproximadamente ¼ de taza de la mezcla de fideos a lo largo del tercio inferior del papel de arroz.

f) Distribuya 5 o 6 cubos de tofu sazonado al horno y 2 hojas de albahaca encima de los fideos.
g) Levante el borde inferior del papel de arroz sobre el relleno, doble los lados hacia el centro y luego enrolle el rollito de primavera lo más apretado posible.
h) Repite este proceso con los papeles de arroz restantes y el relleno.

PARA EL ADEREZO DE MISO DE MANÍ:
i) Divida el aderezo de miso con maní en varios tazones pequeños y sírvalo junto con los rollitos de primavera para mojar.

SERVIR:
j) Sirva los rollitos de primavera de verduras inmediatamente o refrigérelos en un recipiente herméticamente cerrado hasta por 2 días (devuélvalos a temperatura ambiente antes de servir).
k) ¡Disfruta de tus rollitos de primavera de verduras con tofu sazonado al horno y aderezo de miso de maní! Estos panecillos son un snack o aperitivo delicioso y saludable.

87. Rollos de papel de arroz con champiñones

INGREDIENTES:
- 1 cucharadas de aceite de sésamo
- 2 dientes de ajo machacados
- 1 cucharadita de jengibre rallado
- 2 chalotes, finamente picados
- 300 g de champiñones picados
- 40 g de col china, finamente rallada
- 2 cucharaditas de salsa de soja baja en sal
- 16 hojas grandes de papel de arroz
- 1 manojo de cilantro fresco, con las hojas recogidas
- 2 zanahorias medianas, peladas y finamente cortadas en juliana
- 1 taza de brotes de frijol, recortados
- Salsa de soja muy baja en sal, para servir

INSTRUCCIONES:
PREPARAR EL RELLENO DE SETAS
a) Calienta el aceite de sésamo, el ajo machacado y el jengibre rallado en una sartén a fuego lento durante 1 minuto.

b) Agregue a la sartén las chalotas finamente picadas, los champiñones picados y el repollo chino rallado.

c) Aumente el fuego a medio y cocine por 3 minutos o hasta que los ingredientes estén tiernos.

d) Transfiera la mezcla cocida a un bol, agregue la salsa de soja baja en sal y déjela enfriar.

SUAVE LAS HOJAS DE PAPEL DE ARROZ
e) Llene un recipiente grande con agua tibia.

f) Coloque 2 hojas de papel de arroz a la vez en el agua para que se ablanden durante unos 30 segundos. Asegúrese de que se vuelvan suaves pero lo suficientemente firmes como para manipularlos.

MONTAR LOS ROLLOS

g) Retire las hojas de papel de arroz ablandado del agua y escúrralas bien. Colóquelos sobre una tabla plana.
h) Espolvorea cada hoja con hojas de cilantro frescas y luego emparéjalas con otra hoja de papel de arroz.
i) Cubra el papel de arroz de doble capa con una cucharada de la mezcla de champiñones, teniendo cuidado de escurrir el exceso de humedad.
j) Agregue la zanahoria en juliana y los brotes de soja encima de la mezcla de champiñones.
k) Dobla los extremos del papel de arroz y enrolla la hoja firmemente.
l) Deja el rollo preparado a un lado y cúbrelo con plástico.
m) Repite el proceso con los ingredientes restantes para crear más panecillos.
n) Sirva los rollos de papel de arroz con champiñones inmediatamente con salsa de soja muy baja en sal para mojar.

88. Rollitos de papel de arroz con aguacate y verduras

INGREDIENTES:
- 8 envoltorios pequeños de papel de arroz
- ½ taza de lechuga iceberg rallada
- ¾ de taza (50 g) de brotes de soja, recortados
- 1 zanahoria pequeña, pelada y rallada
- 1 pepino libanés mediano, pelado y cortado en tiras
- 1 aguacate mediano, pelado y cortado en tiras
- Salsa de chile dulce, para servir

INSTRUCCIONES:
a) Vierte agua tibia en un recipiente resistente al calor hasta que esté medio lleno.
b) Sumerge un envoltorio de papel de arroz en el agua y colócalo sobre una superficie plana.
c) Déjelo reposar durante 20 a 30 segundos o hasta que esté lo suficientemente suave como para rodar sin partirse.

MONTAR ROLLOS DE PAPEL DE ARROZ
d) Coloque ⅛ de la lechuga rallada a lo largo de un borde del envoltorio de papel de arroz ablandado.
e) Cubra la lechuga con ⅛ de los brotes de soja, zanahoria rallada, tiras de pepino y tiras de aguacate.
f) Doble los extremos del envoltorio y luego enróllelo firmemente para encerrar el relleno.
g) Para evitar que el rollo se seque, cúbralo con un paño de cocina húmedo.
h) Repita este proceso con los envoltorios y rellenos de papel de arroz restantes.

i) Sirve los rollitos de papel de arroz con aguacate y verduras con salsa de chile dulce para mojar.

j) ¡Disfruta de estos ligeros y saludables rollos de papel de arroz rellenos con las bondades del aguacate y las verduras frescas!

89. Rollitos arcoíris con salsa de maní y tofu

INGREDIENTES:
- 12 envoltorios redondos de papel de arroz de 22 cm
- 2 aguacates, en rodajas finas
- 24 ramitas de cilantro fresco
- 24 hojas grandes de menta fresca
- 300 g de col lombarda, finamente rallada
- 2 zanahorias grandes, cortadas en palitos
- 2 pepinos libaneses, sin semillas y cortados en palitos
- 100 g de brotes de soja, recortados
- 3 chalotas verdes, cortadas en rodajas finas en diagonal

SALSA DE MANÍ CON TOFU:
- 150 g de tofu sedoso Coles Nature's Kitchen
- 70 g ($\frac{1}{4}$ de taza) de mantequilla de maní suave y natural
- 2 cucharadas de vinagre de vino de arroz
- 1 cucharada de pasta de miso Shiro (pasta de miso blanca)
- 3 cucharaditas de miel
- 3 cucharaditas de jengibre fresco finamente rallado
- 2 cucharaditas de tamari
- 1 diente de ajo pequeño, triturado

INSTRUCCIONES:
SALSA DE MANÍ CON TOFU:
a) Coloque todos los ingredientes de la salsa de tofu en una licuadora y mezcle hasta que quede suave. Dejar de lado.

MONTAJE DE ROLLOS DE PAPEL DE ARROZ ARCO IRIS:

b) Sumerge un envoltorio de papel de arroz en agua fría durante 10 a 20 segundos o hasta que empiece a ablandarse. Escúrrelo sobre un paño de cocina limpio y colócalo sobre una superficie de trabajo.

c) Cubra el envoltorio de papel de arroz con 2 rodajas de aguacate, 2 ramitas de cilantro, 2 hojas de menta, una porción de col lombarda, zanahoria, pepino, brotes de soja y chalotas.

d) Doble los extremos del envoltorio de papel de arroz y enróllelo firmemente para encerrar el relleno.

e) Repita este proceso con los envoltorios restantes.

f) Sirva los rollos de papel de arroz arcoíris con la salsa de maní y tofu a un lado para mojar.

90. Rollos de papel de arroz con tofu y bok choy

INGREDIENTES:
- 12 elotes tiernos frescos, cortados por la mitad horizontalmente
- 24 hojas tiernas de bok choy
- 300 gramos de tofu sedoso y firme
- 2 tazas (160 g) de brotes de soja
- Hojas cuadradas de papel de arroz de 24 x 17 cm.

SALSA DE CHILE:
- ⅓ taza (80 ml) de salsa de chile dulce
- 1 cucharada de salsa de soja

INSTRUCCIONES:

a) Hierva, cocine al vapor o en el microondas el maíz y el bok choy por separado hasta que estén tiernos. Drenar.

b) Mientras tanto, combine los ingredientes para la salsa de chile en un tazón pequeño.

c) Corta el tofu por la mitad horizontalmente y corta cada mitad en 12 tiras iguales.

d) Coloca el tofu en un tazón mediano y mézclalo con la mitad de la salsa de chile.

e) Coloque una hoja de papel de arroz en un recipiente mediano con agua tibia hasta que se ablande.

f) Levante con cuidado la sábana del agua y colóquela sobre una tabla cubierta con un paño de cocina con una esquina apuntando hacia usted.

g) Coloque una tira de tofu horizontalmente en el centro de la hoja, luego cúbrala con un trozo de maíz, una hoja de bok choy y algunos brotes.
h) Doble la esquina que mira hacia usted sobre el relleno, luego enrolle el papel de arroz para encerrar el relleno, doblándolo hacia un lado después de la primera vuelta completa del rollo.
i) Repita este proceso con las hojas restantes de papel de arroz, el tofu, el maíz, el bok choy y los brotes.
j) Sirva los panecillos con el resto de la salsa de chile para mojar.

91. Rollos de papel de arroz rosa con salsa de tamarindo

INGREDIENTES:
PARA LOS ROLLOS DE PAPEL DE ARROZ ROSA:
- 2-3 papeles de arroz por persona
- Agua hervida tibia sobrante de remolacha cocida

PARA EL DIP DE TAMARINDO:
- 3 cucharadas de Tamari
- 2 cucharaditas de tamarindo
- ½ cucharadita de sambal olek
- 2 cucharaditas de agave
- 1-2 cm de pimiento rojo

SUGERENCIA DE LLENADO:
- Ensalada crujiente finamente rallada
- Cilantro fresco
- Champiñones rebanados o champiñones enoki enteros
- aguacate en rodajas
- Melocotón, nectarina o mango en rodajas
- Tofu frito crujiente
- furikake de anacardo

INSTRUCCIONES:
ROLLOS DE PAPEL DE ARROZ ROSA:
a) Vierta agua tibia, posiblemente coloreada, de remolacha hervida en un recipiente ancho y profundo.
b) Sumerge un papel de arroz a la vez y déjalo en remojo durante aproximadamente un minuto hasta que se ablande.

SALSA DE TAMARINDO:

c) Lava el chile rojo y córtalo en rodajas finas, quitando las semillas si prefieres menos picante.
d) Mezclar todos los ingredientes de la salsa en un tazón pequeño y agregue el chile en rodajas. Dejar de lado.
e) Esta salsa se puede preparar con anticipación y refrigerar por unos días.

ASAMBLEA:
f) Coloque el papel de arroz ablandado sobre la tabla de cortar y agregue los rellenos que desee.
g) Primero doble los lados sobre el relleno y luego enrolle todo el rollo.
h) Si es necesario, humedece el borde final del papel de arroz para sellarlo.
i) Coloque los panecillos en un plato, asegurándose de que no queden muy apretados para evitar que se peguen debido al almidón de arroz.
j) ¡Disfruta de tus rollos de papel de arroz rosa con salsa de tamarindo y furikake de anacardos!

92. Rollitos de verano estilo mexicano

INGREDIENTES:
PARA LOS ROLLOS DE VERANO:
- 2 tazas de champiñones ostra
- 1 cucharada de aceite de oliva
- ¼ de cucharadita de sal, pimienta, comino y chile en polvo
- 1 mazorca de maíz
- 1 lata de 15 onzas de frijoles negros, escurridos
- 1 pimiento rojo, en rodajas finas
- 1 aguacate, en rodajas finas
- 3 zanahorias, en rodajas finas
- ½ taza de cilantro o perejil, picado en trozos grandes
- 1 taza de lechuga, picada en trozos grandes
- 9 papeles de arroz (8-10 papeles)

PARA LA SALSA:
- ½ taza de yogur griego natural
- ¼ taza de mayonesa
- 1 cucharada de salsa de adobo de un frasco de chiles chipotles
- ¼ cucharadita de jugo de lima

INSTRUCCIONES:
PARA LOS ROLLOS DE VERANO:
a) Limpiar los champiñones con una toalla de papel húmeda. Tritúrelos en trozos grandes con dos tenedores.
b) Calienta el aceite de oliva a fuego medio-alto en una sartén grande. Agrega los champiñones, la sal, la pimienta, el comino y el chile en polvo. Cocine de 3 a

5 minutos, o hasta que los champiñones comiencen a ablandarse. Transfiera a un tazón.
c) Corta en rodajas finas todas las verduras y colócalas cerca de tu área de trabajo.
d) Llena un plato poco profundo con agua caliente. Trabajando uno a la vez, coloque un papel de arroz en el agua caliente durante unos 15 segundos, o hasta que se vuelva suave y flexible. Mueve el papel a una superficie húmeda, como una tabla de cortar de madera.
e) Apila los champiñones, las verduras y las hierbas sobre el papel de arroz en una fila larga y estrecha, dejando aproximadamente 2 pulgadas a cada lado. Dobla los lados del papel de arroz sobre el montículo y luego enrolla suavemente.
f) Cubra los panecillos de verano terminados con una toalla de papel húmeda hasta que estén listos para comer.

PARA LA SALSA:
g) Combine todos los ingredientes de la salsa en un tazón pequeño y sazone con sal y pimienta.
h) Sirva la salsa con los rollitos de verano para mojar.
i) ¡Disfruta de estos Rollitos de Verano Estilo Mexicano como una adición fresca y deliciosa a tus comidas de verano!

93. Rollitos de primavera de mariscos fritos

INGREDIENTES:
RELLENO:
- 8 onzas de fideos de arroz finos (bollo)
- 6 champiñones chinos secos
- 1 cucharada de champiñones de oreja de árbol secos
- 6 castañas de agua o ½ jícama pequeña, peladas y picadas
- 4 onzas de carne de cangrejo fresca o enlatada, cortada y escurrida
- 8 onzas de camarones crudos, sin cáscara, desvenados y picados
- 12 onzas de paleta de cerdo molida
- 1 cebolla mediana, picada
- 4 chalotes, picados
- 4 dientes de ajo, picados
- 2 cucharadas de Nuoc mam (salsa de pescado vietnamita)
- 1 cucharadita de pimienta negra recién molida
- 3 huevos

MONTAJE Y FREÍR:
- ½ taza de azúcar
- 80 rondas pequeñas de papel de arroz, cada una de 6 ½ pulgadas de diámetro
- Aceite de maní, para freír

PARA SERVIR:
- Nuoc Cham
- Plato de verduras

INSTRUCCIONES:

a) Comienza hirviendo los fideos hasta que estén cocidos.
b) Además, prepare el plato de verduras y Nuoc Cham. Déjalos a un lado.

PREPARAR EL RELLENO:

c) Remoja los dos tipos de champiñones en agua caliente hasta que se ablanden, aproximadamente 30 minutos. Escurrirlas y quitarles los tallos. Exprime los champiñones para extraer el exceso de líquido y luego pícalos.
d) En un tazón grande, combine los champiñones picados con todos los demás **INGREDIENTES DEL RELLENO** . Usa tus manos para mezclar todo bien. Deja la mezcla de relleno a un lado.

MONTAR LOS ROLLOS:

e) Llena un bol con 4 tazas de agua tibia y disuelve el azúcar en él. Esta agua endulzada ayudará a ablandar el papel de arroz y le dará un color dorado intenso cuando se fríe.
f) Trabaja solo con 4 hojas de papel de arroz a la vez, manteniendo el resto cubierto con un paño apenas húmedo para evitar que se doble. Sumerge una hoja en agua tibia y retírala rápidamente, extendiéndola sobre una toalla seca. Asegúrese de que las hojas no se toquen entre sí, ya que se volverán flexibles en cuestión de segundos.
g) Dobla el tercio inferior de cada ronda de papel de arroz. Coloque 1 cucharadita generosa de relleno en el centro de la porción doblada y presiónela hasta

formar un rectángulo compacto. Dobla un lado del papel sobre la mezcla y luego el otro lado. Enrolle de abajo hacia arriba para encerrar completamente el relleno. Repita este proceso hasta utilizar toda la mezcla de relleno.

FREÍR LOS ROLLOS:

h) Si es posible, utilice 2 sartenes para freír. Vierta de 1 a 1½ pulgadas de aceite de maní en cada sartén y caliéntelo a 325 °F (163 °C).

i) En tandas, agregue algunos de los panecillos a cada sartén, asegurándose de que no se amontonen ni se toquen entre sí para evitar que se peguen. Freír a fuego moderado durante 10 a 12 minutos, volteándolos con frecuencia hasta que estén dorados y crujientes.

j) Con unas pinzas, retira los panecillos fritos y déjalos escurrir sobre toallas de papel. Mantenlos calientes en el horno bajo mientras fríes los panecillos restantes.

SERVICIO:

k) Tradicionalmente, el Cha Gio se sirve con los acompañamientos sugeridos: hojas de lechuga, tiras de fideos y varios ingredientes. del Plato de Verduras, todo envuelto y bañado en Nuoc Cham.

l) Para una opción de porción alternativa, divida los fideos y los ingredientes del plato de verduras de manera uniforme en tazones individuales. Cubra cada uno con trozos cortados de Cha Gio, maní tostado molido y Nuoc Cham.

m) Como aperitivo rápido y fácil, Cha Gio se puede servir solo con Nuoc Cham.

94. Rollito de primavera de langosta ahumada

INGREDIENTES:
- 2 langostas de maine
- 2 tazas arroz blanco
- 2 tazas azúcar morena
- 2 tazas Té de lichi negro
- 2 Mango maduro
- ½ taza bastones de jícama
- ½ taza Gasa de menta
- ½ taza Gasa de albahaca
- 1 taza Hilos de frijol mungo , blanqueados
- salsa de cangrejo
- 8 Hojas de papel de arroz

INSTRUCCIONES:
a) Precalienta una sartén profunda de hotel hasta que esté muy caliente.
b) Agregue arroz, azúcar y té a la sartén profunda e inmediatamente coloque la langosta en la sartén perforada poco profunda encima.
c) Sellar rápidamente con papel de aluminio. Cuando el ahumador comience a humear, ahúme la langosta durante 10 minutos a fuego lento o hasta que esté bien cocida. Enfríe la langosta y luego corte las colas en tiras largas.
d) Combine la jícama, la menta, la albahaca y la hebra de frijol y mezcle con la salsa de pescado.
e) Remoja papel de arroz en agua tibia y coloca algunas de las mezclas sobre el papel ablandado.

Incrustaciones de tiras de langosta ahumada y rodajas de mango.

f) Enrollar y dejar reposar durante 10 minutos. Envuelva bien los rollos individualmente con una envoltura de plástico para asegurar que mantengan la humedad.

95. Wraps de camarones y microverdes

INGREDIENTES:

- 2 ½ tazas de microvegetales suaves mezclados: tatsoi, mizuna, remolacha y acelgas
- 1 ½ cucharada de semillas de sésamo tostadas o semillas de sésamo negro
- 8 envoltorios de papel de arroz, remojados en agua tibia
- ¼ taza de jengibre rojo encurtido, en juliana
- ½ libra de camarones cocidos, pelados y desvenados
- ½ taza de microvegetales de cilantro
- ¼ de taza de hojas de menta

INSTRUCCIONES:

a) Extienda una pequeña cantidad de cada ingrediente en el centro del envoltorio.
b) Dobla una esquina sobre las verduras, dobla las dos esquinas al lado y luego enrolla el envoltorio.
c) Repita continuamente con los envoltorios restantes.
a)

96. Rollitos de primavera Hamachi con salsa de lima y chile

INGREDIENTES:
PARA LA SALSA DE LIMA Y CHILE:
- 1 taza de mirín
- $\frac{1}{4}$ taza de vino de ciruela
- $\frac{1}{4}$ taza de sake
- $\frac{1}{4}$ taza de salsa de chile dulce
- 1-2 ciruelas maduras, sin hueso y picadas (hasta 2)
- Jugo y ralladura de $\frac{1}{2}$ naranja
- 1-2 hojas de lima kaffir, cortadas en juliana muy fina (hasta 2)

PARA LOS ROLLITOS DE PRIMAVERA:
- 6 cucharadas de aceite de sésamo
- $\frac{1}{2}$ taza de zanahorias en juliana
- 2 cucharadas de ajo picado
- 2 cucharadas de jengibre picado
- 4 onzas de brotes de frijol
- 4 onzas de hongos shiitake, rebanados
- 1 pepino japonés, sin semillas y cortado en palitos de $\frac{1}{4}$ de pulgada
- $\frac{1}{2}$ taza de Daikon o nabo cortado en palitos de $\frac{1}{4}$ de pulgada
- 2 onzas de fideos de hilo de frijol
- 2 cucharadas de salsa de soja ligera
- 2 cucharadas de salsa de pescado
- 1 taza de cilantro fresco picado
- 8 Hojas de envoltorios redondos de papel de arroz
- 8 onzas de Hamachi (atún aleta amarilla) fresco, cortado en 8 tiras
- 1 huevo batido

- 1 cucharada de maicena
- Aceite de maní para freír
- 12 cebolletas frescas
- 1 cucharadita de semillas de sésamo blanco tostadas para decorar

INSTRUCCIONES:
PARA LA SALSA DE LIMA Y CHILE:
a) En una cacerola pesada, combine todos los ingredientes de la salsa (Mirin, vino de ciruela, sake, salsa de chile dulce, ciruelas maduras, jugo de naranja, ralladura de naranja, hojas de lima kaffir).
b) Lleve la mezcla a fuego lento a fuego alto, luego baje el fuego y redúzcalo lentamente a aproximadamente 1 taza.
c) Cuela la salsa y déjala enfriar a temperatura ambiente.

PARA LOS ROLLITOS DE PRIMAVERA:
d) Calienta 2 cucharadas de aceite de sésamo en un wok o en una sartén grande. Sofríe las zanahorias con un tercio del ajo picado y el jengibre a fuego alto durante 30 segundos. Transfiera a un tazón. Repita el proceso para los brotes de soja y los champiñones, colocando cada uno en un recipiente aparte. Además, coloque el pepino y el daikon en recipientes separados.
e) Hierva una olla con agua y cocine los fideos de frijol hasta que estén suaves, aproximadamente de 10 a 15 minutos. Colarlos a través de un colador,

transferirlos a un tazón y mezclarlos con la salsa de soja, la salsa de pescado y el cilantro. Dejar de lado.

f) Sumerja las hojas de papel de arroz en agua tibia durante 10 segundos para que se ablanden (evite remojarlas demasiado, ya que podrían romperse). Séquelos con un paño de cocina limpio y colóquelos sobre una superficie de trabajo.

g) Coloca una tira de Hamachi en cada hoja de papel de arroz y agrega capas de diferentes vegetales encima. Cepille los bordes del papel de arroz con el huevo batido, enrolle, doble los extremos como un burrito y espolvoree con maicena.

h) Caliente suficiente aceite de maní en una sartén grande para que suba ½ pulgada por los lados.

i) Con unas pinzas, sumerja los rollitos de primavera en aceite caliente y fríalos a fuego medio-bajo durante aproximadamente 1 minuto por lado, o hasta que estén dorados y crujientes.

j) Para servir, corte cada rollito de primavera por la mitad. Vierta ¼ de taza de salsa de lima y chile en cada plato para servir y coloque 4 mitades de rollitos de primavera, con el lado cortado hacia arriba, sobre la salsa.

k) Adorne los panecillos con cebollino fresco y semillas de sésamo blanco tostadas.

97. Rollitos de primavera de atún con lima y soja

INGREDIENTES:
- 1 libra de atún grado sashimi
- 1 cucharada de pasta de wasabi
- 2 cucharadas de hojas de cilantro
- 2 cucharadas de perejil picado
- 8 envoltorios de rollitos de primavera
- Aceite para freír
- 2 cucharadas de jugo de lima
- 2 cucharadas de salsa de soja

INSTRUCCIONES:
a) Empezamos preparando el atún. Córtalo en trozos de aproximadamente 2 cm de ancho y 10 cm de largo.
b) Unta ligeramente cada trozo de atún con una fina capa de pasta de wasabi.
c) Enrolle los trozos de atún en una mezcla de hojas de cilantro y perejil picado, asegurándose de que queden cubiertos uniformemente.
d) Toma cada trozo de atún preparado y envuélvelo en una envoltura de rollitos de primavera. Utiliza un poco de agua para sellar los extremos de los envoltorios, asegurándote de que queden bien cerrados.
e) En una sartén u olla honda, calentar aceite para freír.
f) Freír con cuidado los rollitos de primavera de atún en aceite caliente durante unos 30 a 45 segundos o hasta que estén ligeramente dorados y crujientes.

g) Retira los rollitos de primavera del aceite y colócalos sobre papel absorbente para escurrir el exceso de aceite.
h) En un tazón pequeño, combine el jugo de limón y la salsa de soja para crear una salsa para mojar.
i) Sirva los rollitos de primavera de atún con salsa de lima y soja junto con una ensalada verde asiática.
j) ¡Disfruta de tus deliciosos Rollitos Primavera de Atún con Lima y Soja!

98. Rollito De Salmón Con Salsa China De Frijoles Negros

INGREDIENTES:
SALSA CHINA DE FRIJOLES NEGROS:
- 2 cucharadas de aceite de canola
- 1 cebolla, finamente picada
- 2 cucharaditas de ajo finamente picado
- 1 cucharada de jengibre fresco pelado y finamente picado
- 1 taza de jerez
- 1 lata de tomates cortados en cubitos (28 onzas)
- 1 cucharada de salsa de pescado o tamari
- ½ taza de frijoles negros chinos fermentados, enjuagados
- 3 cucharadas de hierbas picadas mixtas
- Sal al gusto
- Pimienta negra recién molida, al gusto

SALMÓN:
- 4 filetes de salmón (6 onzas cada uno), sin piel
- Sal al gusto
- Pimienta negra recién molida, al gusto
- 4 hojas circulares de papel de arroz (8" o 10" de diámetro, disponibles en los mercados especializados asiáticos)
- 4 ramitas de cilantro fresco
- 1 cucharada de aceite de canola

BABY BOK CHOY AL VAPOR Y TAT SOI:
- 4 cabezas de bok choy bebé
- ½ libra de tat soi o espinacas, lavadas y sin tallos
- 1 cucharadita de aceite de sésamo
- Sal al gusto

- Pimienta negra recién molida, al gusto

INSTRUCCIONES:
SALSA CHINA DE FRIJOLES NEGROS:
a) Calienta el aceite de canola en una cacerola mediana.
b) Saltee las cebollas, el ajo y el jengibre finamente picados durante 3 a 5 minutos.
c) Agrega el jerez y reduce a un tercio.
d) Agregue los tomates cortados en cubitos y cocine a fuego lento durante 2 minutos.
e) Agregue la salsa de pescado (o tamari), los frijoles negros enjuagados y las hierbas mixtas. Pruebe y ajuste los condimentos con sal y pimienta negra recién molida.

SALMÓN EN PAPEL DE ARROZ:
f) Sazona los filetes de salmón con sal y pimienta negra recién molida.
g) Sumerge las rodajas de papel de arroz en un recipiente con agua caliente. Sácalas del agua y colócalas sobre una superficie plana. Espere de 1 a 2 minutos hasta que las sábanas absorban el agua.
h) Mueve la primera hoja de papel de arroz al centro de tu superficie de trabajo. Coloca un par de hojas de cilantro en medio del papel de arroz.
i) Coloque un filete de salmón boca abajo en el centro, cubriendo las hojas de cilantro.
j) Dobla los cuatro lados de la hoja de papel de arroz para formar un paquete. Dale la vuelta al paquete y

guárdalo debajo de una toalla apenas humedecida mientras preparas los tres filetes restantes.

k) Calienta el aceite de canola en una sartén. Dorar los lados superiores de los paquetes de salmón durante 2 a 3 minutos hasta que el papel de arroz se vuelva transparente.

l) Voltee los paquetes y termine de cocinar en la estufa o en un horno a 350 °F (175 °C) durante 5 a 8 minutos, dependiendo del punto de cocción deseado.

BABY BOK CHOY AL VAPOR Y TAT SOI:

m) Blanquear la bok choy tierna y el tat soi (o espinacas) en agua hirviendo. Escurrir y mezclar con aceite de sésamo, sal y pimienta negra recién molida.

ASAMBLEA:

n) Sirva la salsa china de frijoles negros en cada uno de los 4 platos grandes, inclinando el plato para esparcir la salsa de manera uniforme.

o) Coloque el paquete de salmón ligeramente descentrado en cada plato.

p) Agregue 1 cabeza de baby bok choy y un poco de tat soi (o espinacas).

q) ¡Sirve inmediatamente y disfruta de tu Salmón Envuelto en Papel de Arroz con Salsa China de Frijoles Negros!

99. Rollos de papel de arroz con gambas

INGREDIENTES:
- 50 g de fideos de arroz
- 24 hojas pequeñas de papel de arroz
- ½ taza de hojas de cilantro
- ½ taza de hojas de menta
- 500 g de gambas cocidas, peladas, desvenadas y cortadas por la mitad a lo largo
- 2 pepinos libaneses, sin semillas, cortados en palitos largos
- 2 rábanos rojos, en rodajas finas
- ½ taza (125 ml) de salsa de chile dulce

PARA ZANAHORIA ENCURTIDA:
- 2 zanahorias, peladas y cortadas en palitos
- ¼ de taza (60 ml) de vinagre de vino de arroz
- 1 cucharada de azúcar en polvo
- 1 cucharadita de sal
- 1 chile ojo de perdiz rojo, sin semillas, finamente picado (opcional)
- 1 cucharadita de jengibre finamente rallado

INSTRUCCIONES:
a) Para hacer la zanahoria en escabeche, combine la zanahoria, el vinagre, el azúcar, la sal, el chile (si lo usa), el jengibre y 1 cucharada de agua en un tazón pequeño. Cubra y refrigere durante 1 hora para realzar los sabores, luego escurra.

b) Coloca los fideos de arroz en un recipiente resistente al calor, cúbrelos con agua hirviendo y déjalos en remojo durante 2 minutos. Refrescarlas con agua fría y escurrirlas bien. Pica los fideos en trozos grandes con unas tijeras de cocina.

c) Llene un plato poco profundo con agua tibia. Sumerja una hoja de papel de arroz en el agua, luego escúrrala y colóquela sobre una tabla limpia. La hoja seguirá ablandándose tal como está.

d) En la hoja de papel de arroz ablandado, coloque 2 hojas de cilantro y 2 hojas de menta en el tercio inferior de la hoja. Cubra con 2 mitades de langostinos y una porción de fideos, pepino, rábano y zanahoria encurtida.

e) Dobla el borde de la hoja de papel de arroz sobre el relleno, luego dobla los lados y enrolla para cerrar. Coloca el rollo completo en una bandeja. Repita este proceso con las hojas restantes de papel de arroz, el cilantro, la menta, las mitades de langostinos, los fideos, el pepino, los rábanos y las zanahorias encurtidas. Para evitar que se peguen, mantenga los panecillos ligeramente separados en la bandeja.

f) Sirve los Mini Rollitos de Papel de Arroz con Gambas con la salsa de chile dulce para mojar.

g) Disfruta de estos frescos y deliciosos mini rollitos de papel de arroz con langostinos como un sabroso y saludable aperitivo en tu próxima reunión.

100. Rollitos de verduras y sashimi

INGREDIENTES:
- 1 zanahoria, pelada y rallada gruesa
- 1 pimiento rojo pequeño, cortado a la mitad, sin semillas y en rodajas finas
- 3 chalotes verdes, con los extremos recortados y cortados en rodajas finas en diagonal
- 1 manojo de cilantro, hojas recogidas, lavadas, secas y picadas en trozos grandes
- 8 hojas redondas de papel de arroz (21 cm de diámetro)
- 80 g de verduras asiáticas tiernas
- 2 (unos 400 g) filetes de salmón, en rodajas finas
- 2 cucharadas de jugo de lima fresco
- 1 cucharada de salsa de chile dulce
- 1 cucharadita de salsa de pescado
- Gajos de lima, para servir

INSTRUCCIONES:
PREPARAR EL RELLENO DE VERDURAS
a) En un tazón grande, combine la zanahoria rallada gruesa, el pimiento rojo en rodajas finas, las chalotas verdes en rodajas finas y el cilantro picado en trozos grandes. Mezcle suavemente para combinar.

MONTAR LOS ROLLOS DE PAPEL DE ARROZ
b) Remoje una hoja de papel de arroz en un plato con agua tibia durante 45 segundos o hasta que se vuelva suave y flexible. Tenga cuidado de no remojar la sábana por mucho tiempo, ya que podría romperse.

c) Escurre la hoja de papel de arroz ablandado sobre una toalla de papel y transfiérela a una superficie de trabajo limpia.
d) Coloque algunas verduras asiáticas tiernas, una porción de la mezcla de zanahoria y algunas rodajas de salmón en el centro de la hoja de papel de arroz.
e) Doble los extremos de la hoja y enróllela firmemente para encerrar el relleno, formando una forma de cigarro.
f) Corta la hoja enrollada por la mitad en diagonal y colócala en un plato para servir.
g) Repita el proceso con las hojas restantes de papel de arroz, las verduras asiáticas tiernas, la mezcla de zanahoria y el salmón.

PREPARAR LA SALSA PARA MOJAR

h) En un tazón pequeño para servir, combine el jugo de limón fresco, la salsa de chile dulce y la salsa de pescado.

ATENDER

i) Sirva los rollos de papel de arroz con verduras y sashimi inmediatamente con la salsa y las rodajas de lima.

CONCLUSIÓN

Al llegar al final de nuestra aventura con los rollitos de huevo, espero que hayas disfrutado explorando el maravilloso mundo de los aperitivos crujientes y sabrosos. Desde recetas clásicas hasta creaciones innovadoras, "Rollos de huevo" ha proporcionado un tesoro de inspiración para mejorar su juego de aperitivos. Ya sea que haya descubierto una nueva receta favorita o haya experimentado con sus propias variaciones, espero que este libro de cocina le haya permitido dar rienda suelta a su creatividad en la cocina.

Mientras continúa su viaje culinario, recuerde que las posibilidades de los rollitos de huevo son infinitas. No tengas miedo de experimentar con diferentes rellenos, sabores y técnicas para crear tus propias creaciones exclusivas. Ya sea que esté organizando una cena, disfrutando de una noche acogedora o simplemente disfrutando de un delicioso refrigerio, los rollitos de huevo son la manera perfecta de agregar emoción a cualquier comida.

Gracias por acompañarme en esta sabrosa aventura. Que tus rollitos de huevo estén siempre crujientes, tus rellenos siempre sean sabrosos y tus creaciones culinarias siempre traigan alegría a quienes te rodean. Hasta la próxima, ¡feliz rodaje!

www.ingramcontent.com/pod-product-compliance
Lightning Source LLC
Chambersburg PA
CBHW071302110526
44591CB00010B/746